TESTEZ VOTRE JEU DE LA CARTE
SÉRIES III et IV

COLLECTION BELFOND/BRIDGE

dirigée par Jean-Marc Roudinesco

JEAN-MARC ROUDINESCO
♣ *Initiation au bridge*
♣ *Le bridge en tournoi par paires*
♣ *Comment gagner en tournoi par paires*
♣ *Bridge programmé*

PIETRO BERNASCONI et J.-M. ROUDINESCO
Diaboliquement vôtre

CLAUDE DELMOULY et MARC KERLÉRO
Défense et contre-attaque au bridge (I)
(Les interventions)
Défense et contre-attaque au bridge (II)
(Les situations compétitives)

VICTOR MOLLO
♣ *Tactique et psychologie au bridge*

GIORGIO BELLADONNA
♣ *Jouer au bridge avec Belladonna*
♣ *Le bridge de formule 1*

MIKE LAWRENCE
Les secrets du tournoi par paires

HUGH KELSEY
♣ *Testez votre bridge*
Les jeux de sécurité et le contrôle de l'atout
Les impasses et les jeux d'élimination
Les communications et le timing
Les probabilités et la lecture des mains
♣ *Testez votre jeu de la carte*
(séries 1 et 2)

TERENCE REESE
Bridge de haute école

GEZA OTTLIK et HUGH KELSEY
Aventures au jeu de la carte

♣ : Ouvrages conseillés par la Fédération Française de Bridge

HUGH KELSEY

TESTEZ VOTRE JEU DE LA CARTE

SÉRIES III et IV

Adaptation française de
Jean-Marc Roudinesco

CONSEILLE PAR FFB LA FEDERATION FRANCAISE DE BRIDGE

PIERRE BELFOND
216, boulevard Saint-Germain
75007 Paris

Publiés en 1991 sous les titres originaux
TEST YOUR CARD PLAY – III
TEST YOUR CARD PLAY – IV
par Victor Gollancz Ltd, Londres

Si vous souhaitez recevoir notre catalogue
et être tenu au courant de nos publications,
envoyez vos nom et adresse, en citant ce livre,
aux Éditions Pierre Belfond,
216, bd Saint-Germain, 75343 Paris cedex 07.
Et, pour le Canada, à
Edipresse Inc., 945, avenue Beaumont,
Montréal, Québec, H3N 1W3.

ISBN 2.7144.2869.X

INTRODUCTION

Voici le deuxième volume d'une nouvelle série de problèmes présentés sous forme de *quiz* destinés à tester votre jeu de la carte, avec le mort ou en défense. Ces problèmes ne sont pas tous originaux. Certains ont été pris dans trois autres ouvrages actuellement épuisés, *Test Your Match Play, The Tough Game* et *The Needle Match* *. Les lecteurs des jeunes générations n'auront donc pas eu l'occasion de connaître ces donnes et, de toute manière, les problèmes nouveaux sont suffisamment nombreux pour satisfaire les palais les plus blasés.

Les problèmes sont présentés à deux jeux sur les pages impaires et doivent être résolus à cartes cachées. Tous sont accompagnés d'une séquence d'enchères, mais elle n'a d'importance que dans la mesure où elle donne des indications sur la composition des jeux cachés. La carte d'entame et, dans certains cas, le début du coup conduisent le lecteur au stade où se pose le problème. Essayez d'assumer la suite par vous-même et de trouver la meilleure ligne de jeu, en flanc ou avec le mort. Si vous êtes en difficulté, vous pourrez trouver l'inspiration dans le dernier paragraphe, sous le titre : « Le point de la situation. » C'est une revue des différentes options et de leurs conséquences, destinée à vous mettre sur la bonne voie, mais qui vous permettra aussi de contrôler que vous n'avez rien oublié. Cachez ce paragraphe lorsque vous abordez le problème. Quand vous aurez fait votre plan de jeu définitif, vous tournerez la page et vous découvrirez au verso la solution et la donne complète matérialisant les écueils qu'il fallait éviter.

Les problèmes n'ont pas été classés dans un ordre particulier, à cela près qu'il a été tenu compte sommairement de leur difficulté, les plus faciles étant présentés en premier. Vous pouvez considérer votre jeu de la carte comme satisfaisant si vous résolvez correctement au moins vingt problèmes sur trente-six. En résoudre vingt-cinq constitue un excellent score, trente serait superbe et trente-cinq... incroyable!

Bonne chance!

* Des extraits de ces trois livres, traduits en français, ont été regroupés en un seul volume sous le titre *Bridge de compétition*, mais cet ouvrage est également épuisé.

AVERTISSEMENT

Ces nouvelles séries de problèmes d'Hugh Kelsey sont différentes des précédentes, publiées sous le titre collectif de *Testez votre bridge*. En effet, il n'existe pas de thème commun et le lecteur n'est pas averti de la nature des difficultés qu'il doit surmonter. S'agit-il d'un jeu de sécurité? Faut-il bien utiliser les communications? Doit-on conserver le contrôle de l'atout, formuler une hypothèse de nécessité, compter la répartition des mains cachées ou choisir la meilleure ligne de jeu en fonction des probabilités? Au lecteur de le découvrir, ce qui ne sera pas toujours très facile, mais c'est ainsi que les problèmes se posent à la table, en ordre dispersé, et sans sonnette d'alarme.

Les séquences d'enchères qui accompagnent l'énoncé ont été traduites dans le style français, du moins dans la mesure du possible, et les inférences que l'on doit tirer de l'action adverse seront en général fondées sur le système de la *Majeure par cinq à la française*, assorti d'entames et de contre-attaques classiques : quatrième meilleure à Sans-atout, pair-impair à la couleur, l'As avec As-Roi, etc. Dans certains cas où il était nécessaire de conserver le style anglais, le lecteur trouvera toutes les informations nécessaires, telles qu'il pourrait les demander légalement à ses adversaires en compétition.

Tous les problèmes se posent en **match par quatre**, l'objectif étant de prendre les meilleures chances de réussir le contrat imposé, sans se préoccuper d'éventuelles levées de mieux. Comme pour les séries précédentes, nous avons ajouté des remarques visant à replacer la solution proposée dans un cadre didactique plus général ou faisant référence à des principes fondamentaux. Bien entendu, ces petits suppléments qui figurent dans l'adaptation française en caractères gras ont été soumis à l'approbation d'Hugh Kelsey.

J.-M. R.

TROISIÈME SÉRIE

PROBLÈME NUMÉRO 1

Donneur :		*Vulnérabilité :*
Sud	♠ D 8 5 4 ♡ D 8 6 2 ◇ D V ♣ A R 2	Tous
	N O E S	
	♠ A R 3 ♡ V 10 9 4 ◇ A 10 3 2 ♣ 8 4	

LES ENCHÈRES

Sud	Ouest	Nord	Est
1 ◇	2 ♣	Contre *	Passe
2 ♡	Passe	4 ♡	Passe
Passe	Passe		

* Spoutnik.

L'ENTAME

Ouest entame du Dix de Pique, que vous prenez de l'As, Est fournissant le 2 de Pique.

Quel est votre plan de jeu?

LE POINT DE LA SITUATION

Un compte rapide vous apprend que vous avez deux perdantes inévitables à l'atout et une perdante possible à Carreau.

Existe-t-il un risque de chute?

SOLUTION

L'entame du Dix de Pique a l'aspect menaçant d'un singleton, mais un doubleton serait tout aussi inquiétant. Le danger est qu'Est puisse prendre la main à l'atout au moment opportun et fasse couper un Pique à son partenaire. Ensuite, l'échec de l'impasse à Carreau entraînerait la chute du contrat. D'ailleurs, si Est détient l'As et le Roi de Cœur, le Roi de Carreau a toutes les chances d'être mal placé.

Le moyen de minimiser le risque d'une coupe adverse réside dans une élimination partielle. Encaissez l'As et le Roi de Trèfle et coupez le dernier Trèfle avant de faire tomber les atouts.

Voici la donne complète :

	♠D 8 5 4 ♡D 8 6 2 ♢D V ♣A R 2	
♠10 ♡A 5 3 ♢R 6 5 4 ♣D V 10 9 6	N O E S	♠V 9 7 6 2 ♡R 7 ♢9 8 7 ♣7 5 3
	♠A R 3 ♡V 10 9 4 ♢A 10 3 2 ♣8 4	

Vous n'empêcherez pas Est de prendre le premier Cœur du Roi et de faire couper un Pique à son partenaire, mais celui-ci, après avoir encaissé l'As de Cœur, devra, à son choix, rejouer Carreau dans la fourchette ou Trèfle dans coupe et défausse.

Quand votre adversaire cherche à couper, retirez-lui ses cartes de sortie pour l'obliger à vous rendre ailleurs la levée qu'il vient de gagner.

Votre ligne de jeu aurait créé un intéressant problème de défense si Est avait eu un Trèfle de moins et un Carreau de plus. Dans ce cas, pour vous faire chuter, il aurait dû couper le troisième Trèfle du Roi de Cœur et rejouer Pique, laissant à son partenaire une carte de sortie à l'atout.

PROBLÈME NUMÉRO 2

Donneur :	♠ 9 8 7 2	*Vulnérabilité :*
Est	♡ A R D V 5 3	Tous
	◇ 8 4	
	♣ 3	

N
O E
S

♠ A V 10 5 3
♡ 8 7 2
◇ 7 6
♣ A 8 4

LES ENCHÈRES

Est	Sud	Ouest	Nord
1 ◇	1 ♠	2 ◇	4 ♠
Passe	Passe	Passe	

L'ENTAME

Ouest entame du 5 de Carreau et lorsque le mort s'étale, vous vous étonnez de l'altruisme de votre partenaire. Est encaisse l'As et le Roi de Carreau, puis contre-attaque de la Dame de Trèfle, pour l'As de votre main.

Comment devez-vous poursuivre?

LE POINT DE LA SITUATION

Votre seul problème est de ne perdre qu'un seul atout.

Faut-il attaquer les Piques du mort et, si oui, quelle reprise devez-vous utiliser?

SOLUTION

Ouest, qui semble détenir la Dame de Carreau et le Roi de Trèfle, n'a certainement pas Roi-Dame de Pique. Il paraît donc tentant de couper un Trèfle au mort pour exécuter deux impasses successives à l'atout contre Est, mais ce plan comporte un danger : Si Est détient Roi-Dame de Pique troisièmes, il intercalera un honneur au premier tour et après le deuxième, il rejouera Trèfle pour vous enfermer au mort, où vous n'aurez plus que du Cœur et vous ne pourrez empêcher la défense de vous faire chuter grâce à une coupe dans la couleur. Votre sort sera identique si Est a un honneur sec. Il ne serait pas meilleur de couper votre dernier Trèfle avant de donner le deuxième tour d'atout, car un retour à Cœur vous laisserait dans la même position. En fait, il faudrait encaisser au hasard un ou deux Cœurs avant de donner le deuxième tour d'atout.

Si vous optez pour une double impasse à l'atout, il est plus sûr d'utiliser les Cœurs comme première communication. Vous chuterez cependant avec un singleton Cœur en Est si Ouest détient un honneur d'atout sec ou second, mais dans l'un de ces cas (un honneur troisième en Est avec un singleton Cœur), la défense aurait toujours pu vous faire chuter en rejouant Cœur à la deuxième levée tout en conservant une communication à Carreau.

D'un point de vue pratique, vous pouvez aussi bien renoncer à toute idée de double impasse et tirer l'As d'atout en tête, sans autre forme de procès.

Voici la donne complète :

	♠ 9 8 7 2 ♡ A R D V 5 3 ♢ 8 4 ♣ 3	
♠ D 6 4 ♡ 9 4 ♢ D 10 5 2 ♣ R 10 7 6	N O E S	♠ R ♡ 10 6 ♢ A R V 9 3 ♣ D V 9 5 2
	♠ A V 10 5 3 ♡ 8 7 2 ♢ 7 6 ♣ A 8 4	

Un maniement de couleur se conçoit dans un contexte.

En théorie, deux impasses successives sont meilleures que le jeu en tête (76 % contre 65,6 %), mais les risques de coupe, si la défense n'a pas fait son devoir, se montent à 12,4 %. A vous de les apprécier.

PROBLÈME NUMÉRO 3

Donneur :
Nord

♠ A 8 6 3
♡ A R V 6 4
◇ D 10 3
♣ A

	N	
O		E
	S	

♠ R D 7 4
♡ 10 9 5
◇ A 8 2
♣ 9 5 2

Vulnérabilité :
Est-Ouest

LES ENCHÈRES

Nord	Est	Sud	Ouest
1 ♡	Passe	1 ♠	Passe
4 ♣ *	Passe	4 ◇	Passe
6 ♠	Passe	Passe	Passe

* Splinter.

L'ENTAME

Ouest entame de la Dame de Trèfle, pour l'As du mort.
Quel est votre plan de jeu?

LE POINT DE LA SITUATION

Les enchères rustiques de votre partenaire vous ont propulsé dans un chelem clairement mauvais. A première vue, il semble que vous ayez besoin de trouver un partage 3-2 des Piques et de capturer la Dame de Cœur. Vos chances de réussites atteignent 34,5 %.

Existe-t-il un moyen de les améliorer?

SOLUTION

Si vous parvenez à couper deux Trèfles au lieu d'un, vous n'aurez plus besoin de capturer la Dame de Cœur. Cela nécessite une reprise supplémentaire dans votre main, mais si les Cœurs sont partagés 3-2, vous pouvez la créer en jouant immédiatement un petit Cœur vers votre Dix. Admettons que la défense rejoue Carreau. Vous prendrez de l'As, vous couperez un Trèfle, vous tirerez l'As de Pique et vous rentrerez par le Roi de Pique pour couper votre dernier Trèfle. Votre 9 de Cœur vous permettra de purger le dernier atout et vos deux Carreaux perdants disparaîtront sur les Cœurs.

Cette ligne de jeu offre une meilleure chance qu'une impasse à Cœur après un coup de sonde. Vous gagnerez également si la Dame de Cœur est sèche dans un flanc qui n'a que deux atouts, ce qui porte vos chances de réussite à 48,4 %. Naturellement, il vaut mieux éviter de tels chelems, mais le pire serait d'ajouter une erreur de calcul à une erreur d'enchère.

Voici la donne complète :

	♠ A 8 6 3 ♡ A R V 6 4 ◇ D 10 3 ♣ A	
♠ V 9 ♡ 8 3 ◇ R 7 6 4 ♣ D V 10 8 4	N O E S	♠ 10 5 2 ♡ D 7 2 ◇ V 9 5 ♣ R 7 6 3
	♠ R D 7 4 ♡ 10 9 5 ◇ A 8 2 ♣ 9 5 2	

Comparez les chances simples que vous gagnez à celles que vous perdez, et vous n'aurez pas besoin de vous lancer dans des calculs compliqués.

Ici, vous substituez un partage 3-2 (67,8 %) à une impasse (50 %). Inutile d'être un grand clerc pour savoir que vous gagnez au change.

PROBLÈME NUMÉRO 4

Donneur : Sud	♠ A V 3 ♡ D 10 9 4 ◇ R D 4 ♣ 10 8 5	*Vulnérabilité :* Tous

N / O E / S

♠ 6 5 2
♡ A 8 5
◇ A 6 3
♣ A V 9 3

LES ENCHÈRES

Sud	Ouest	Nord	Est
1 ◇	Passe	1 ♡	Passe
1 SA	Passe	3 SA	Passe
Passe	Passe		

L'ENTAME

Votre partenaire entame du Dix de Pique, pris par la Dame du déclarant, qui joue le 7 de Carreau vers le Roi du mort, que vous laissez passer, Ouest fournissant le 2 de Carreau. La Dame de Carreau suit.

Comment envisagez-vous la défense?

LE POINT DE LA SITUATION

Il est clair que vous ne pourrez pas faire chuter ce contrat si vous ne réalisez pas quelques levées à Trèfle. Bien que votre partenaire soit nécessairement pauvre en grosses cartes, il y a tout juste la place pour qu'il détienne un honneur à Trèfle.

Est-il intéressant de retenir l'As de Carreau jusqu'au troisième tour?

SOLUTION

Il est dangereux de retenir encore une fois l'As de Carreau, car le déclarant pourrait trouver sept autres levées entre les Piques, les Cœurs et les Trèfles. Vous devez prendre votre As et ouvrir les Trèfles immédiatement. Reste à savoir quelle carte jouer.

Si vous aviez besoin de réaliser quatre levées à Trèfle, il serait correct d'attaquer du Valet en espérant le Roi troisième chez votre partenaire. Cela vous permettrait de capturer la Dame du déclarant, puis le Dix du mort au retour. Comme vous n'avez besoin que de trois levées, vous devez couvrir le cas où votre partenaire aurait la Dame de Trèfle seconde. En contre-attaquant du 3 de Trèfle, vous battrez le contrat chaque fois que cela sera possible.

Voici la donne complète :

	♠ A V 3 ♡ D 10 9 4 ♢ R D 4 ♣ 10 8 5	
♠ 10 9 8 4 ♡ 7 6 3 2 ♢ 8 5 2 ♣ D 2	N O E S	♠ 6 5 2 ♡ A 8 5 ♢ A 6 3 ♣ A V 9 3
	♠ R D 7 ♡ R V ♢ V 10 9 7 ♣ R 7 6 4	

Vous remarquerez qu'il était vital de ne plus tergiverser à Carreau. Sinon, le déclarant se rabat sur les Cœurs et aligne neuf levées.

Comptez les points d'honneurs que vous pouvez espérer chez votre partenaire en fonction des enchères, mais fondez votre défense sur le minimum vital.

Si votre partenaire a la Dame de Trèfle troisième et que la nécessité s'en fasse sentir, le même raisonnement lui fera jeter une Dame de Trèfle troisième au second tour de la couleur.

Au bridge, l'avarice coûte aussi cher que la gourmandise.

PROBLÈME NUMÉRO 5

Donneur Nord	♠ 9 6 3 ♡ A D V ◇ A D 6 2 ♣ A D 5	*Vulnérabilité :* Tous
	N O E S	
	♠ A D 10 ♡ 8 6 4 ◇ R ♣ 10 8 7 4 3 2	

LES ENCHÈRES

Nord	Est	Sud	Ouest
1 ◇	Passe	1 SA	Passe
3 SA	Passe	Passe	Passe

L'ENTAME

Ouest entame du 8 de Pique. Est fournit le Roi de Pique, que vous prenez de l'As.

Comment devez-vous continuer?

LE POINT DE LA SITUATION

D'après la carte d'entame, il semblerait que le Valet de Pique soit en Est. Dans ce cas, votre contrat ne peut pas être mis en échec. Il paraît donc naturel de tenter l'impasse à Trèfle à la deuxième levée.

Existe-t-il une raison justifiant un maniement différent de cette couleur?

SOLUTION

La confiance que l'on peut accorder à l'honnêteté des entames a des limites qu'il n'est pas payant d'outrepasser plus que nécessaire. Ici, pour parer à toute éventualité, vous devez traiter les Trèfles par un maniement classique de sécurité. Jouez Trèfle à la deuxième levée, mais avec l'intention de mettre l'As si le Valet de Trèfle n'apparaît pas en Ouest. Si vous ne capturez pas un honneur, revenez en main par le Roi de Carreau pour attaquer d'un petit Trèfle vers la Dame. Par cette ligne de jeu, votre contrat est assuré, sauf si le Valet de Pique, le Roi de Trèfle et le Valet de Trèfle sont tous les trois mal placés.

Voici la donne complète :

	♠ 9 6 3 ♡ A D V ◇ A D 6 2 ♣ A D 5	
♠ V 8 4 ♡ 10 7 5 ◇ 10 8 7 3 ♣ V 9 6	N O E S	♠ R 7 5 2 ♡ R 9 3 2 ◇ V 9 5 4 ♣ R
	♠ A D 10 ♡ 8 6 4 ◇ R ♣ 10 8 7 4 3 2	

Comme vous pouvez le constater, l'entame d'Ouest n'était pas orthodoxe *. Si vous jouez Trèfle vers la Dame à la deuxième levée, Est prendra du Roi et rejouera Pique pour affranchir la couleur. Ensuite, quand Ouest prendra la main par le Valet de Trèfle, il contre-attaquera Cœur et le blocage des Carreaux vous interdira de réaliser vos neuf levées potentielles.

Ronald Reagan appliquait un viel adage russe dans ses relations avec les Soviétiques : Donerey, no proverey (faites confiance, mais vérifiez quand même). Ici, il était dangereux de s'endormir dans l'illusion que le Valet de Pique était bien placé, alors que cette condition n'était pas nécessaire à la réussite du contrat.

* Certains experts entament par convention de la deuxième carte avec un honneur troisième, signalant ainsi qu'ils ne détiennent pas une longueur propre exploitable. Les conventions d'entame n'étant pas alertables, il convient de consulter le système des adversaires, notamment en tournoi par paires, où il serait dangereux de ne pas jouer pour faire le maximum de levées. (*N.d.T*).

PROBLÈME NUMÉRO 6

Donneur : Sud

Vulnérabilité : Est-Ouest

♠ 10 8 5 4 2
♡ R V 10
◇ –
♣ A V 9 7 4

N
O E
S

♠ R
♡ A 9 7 4 3
◇ A 7 6 5
♣ D 10 6

LES ENCHÈRES

Sud	Ouest	Nord	Est
1 ♡	Passe	1 ♠	Passe
2 ◇	Passe	4 ♡	Passe
Passe	Passe		

L'ENTAME

Ouest entame de la Dame de Pique, pour l'As d'Est qui contre-attaque de la Dame de Carreau. Vous prenez de l'As en défaussant un Pique du mort et vous présentez la Dame de Trèfle, qu'Ouest couvre du Roi.

Comment devez-vous poursuivre après l'As de Trèfle?

LE POINT DE LA SITUATION

Vos Trèfles étant établis, il semble que vous ayez assez de levées, mais vous risquez de perdre le contrôle de l'atout.

Quelles précautions devez-vous prendre?

SOLUTION

Vous devez vous protéger contre un éventuel partage 4-1 des atouts. Comme vous pouvez vous permettre de concéder la Dame de Cœur à un stade précoce, attaquez du Dix de Cœur et laissez-le courir s'il n'est pas couvert. S'il reste maître, continuez par le Valet de Cœur, et laissez-le passer de nouveau, même si Est ne fournit plus. Si Ouest prend de la Dame au premier ou au second tour de la couleur, il est incapable de vous nuire, car il reste au mort le Roi de Cœur pour enrayer le défilé des Carreaux.

Voici la donne complète :

	♠ 10 8 5 4 2 ♡ R V 10 ◇ – ♣ A V 9 7 4	
♠ D V 6 ♡ D 8 6 2 ◇ R 10 9 4 ♣ R 5	N O E S	♠ A 9 7 3 ♡ 5 ◇ D V 8 3 2 ♣ 8 3 2
	♠ R ♡ A 9 7 4 3 ◇ A 7 6 5 ♣ D 10 6	

Le piège dans lequel il ne fallait pas tomber était d'attaquer les atouts en commençant par le Roi. Au second tour, quand vous jouerez le Valet de Cœur, Ouest retiendra sa Dame et vous n'aurez plus aucun moyen de réussir votre manche.

Ouest aurait sans doute mieux fait de ne pas couvrir la Dame de Trèfle, mais vous auriez toujours pu gagner à condition de continuer par deux impasses directes contre la Dame d'atout – une fois dans un sens, une fois dans l'autre, si cela vous amuse.

Quand vous pouvez vous permettre de perdre une levée, concédez-la préventivement au moment convenable et n'oubliez pas de conserver un policier d'atout dans la main courte.

PROBLÈME NUMÉRO 7

Donneur : Sud	♠ D 9 7 3 ♡ 6 4 ◇ R D 6 5 ♣ 9 4 3	*Vulnérabilité :* Personne
	N O E S	
	♠ A R 8 6 ♡ A 10 8 ◇ V ♣ A D 10 8 2	

LES ENCHÈRES

Sud	Ouest	Nord	Est
1 ♣	Passe	1 ◇	Passe
1 ♠	Passe	2 ♠	Passe
4 ♠	Passe	Passe	Passe

L'ENTAME

Ouest entame du Valet de Pique pour votre Roi et vous répliquez par le Valet de Carreau. Ouest plonge de l'As et rejoue le 3 de Cœur, pour le Valet de son partenaire. Vous prenez de l'As, vous jouez un petit Pique pour la Dame du mort, Ouest fournissant le Dix de Pique, et vous défaussez vos Cœurs perdants sur le Roi et la Dame de Carreau.

Comment devez-vous poursuivre ?

LE POINT DE LA SITUATION

Jusqu'à présent, tout a marché comme sur des roulettes. Allez-vous être encore aussi chanceux avec les Trèfles ?

SOLUTION

Seule la gourmandise pourrait ici entraîner votre chute. Ce serait une erreur de purger le dernier atout à ce stade, mais votre contrat est parfaitement assuré pour autant que votre As de Trèfle ne soit pas coupé. L'atout manquant étant marqué en Est, il vous suffit de jouer Trèfle vers votre As. Cette formalité remplie, continuez par un petit Trèfle.

Les défenseurs sont sans ressource. Supposons qu'Est prenne du Valet de Trèfle et rejoue atout : vous aurez le temps d'affranchir les Trèfles et vous ne perdrez que deux Trèfles et un Carreau. Alternativement, si la défense cherche à vous raccourcir à Cœur ou à Carreau, vous ferez vos quatre atouts séparément.

Voici la donne complète :

	♠ D 9 7 3 ♡ 6 4 ◇ R D 6 5 ♣ 9 4 3	
♠ V 10 ♡ R 9 3 ◇ A 8 4 3 ♣ R V 7 5	N O E S	♠ 5 4 2 ♡ D V 7 5 2 ◇ 10 9 7 2 ♣ 6
	♠ A R 8 6 ♡ A 10 8 ◇ V ♣ A D 10 8 2	

Bien entendu, une entame à Cœur aurait fait chuter le contrat.

Un jeu de double coupe est souvent la parade à une menace de raccourcissement. Dans cette hypothèse, la règle – encaisser les levées maîtresses avant qu'elles ne puissent être coupées – reste valable.

De même, on établit la couleur secondaire avant de purger tous les atouts lorsque ceux-ci sont nécessaires au maintien des communications.

PROBLÈME NUMÉRO 8

Donneur :
Sud

♠ A R D 3
♡ V 4
◇ D V
♣ A D 9 5 4

♠ 8 6 4
♡ D 10 8 6
◇ R 10 6 2
♣ 10 2

N
O E
S

Vulnérabilité :
Tous

LES ENCHÈRES

Sud	Ouest	Nord	Est
1 ♡	Passe	2 ♣	Passe
3 ♡	Passe	3 ♠	Passe
4 ♣	Passe	5 ♡	Passe
6 ♡	Passe	Passe	Passe

L'ENTAME

Vous entamez du 4 de Pique, pour la Dame du mort, le 2 de votre partenaire et le 5 du déclarant. Celui-ci rentre en main par le Roi de Trèfle, Est fournissant le 6 de Trèfle, et continue par le 6 de Cœur.

Quel est votre plan défensif?

LE POINT DE LA SITUATION

Compte tenu de ses fortes enchères, le déclarant détient sûrement six Cœurs par l'As et le Roi, ainsi que l'As de Carreau. De plus, il s'est montré très inspiré dans le maniement des atouts, en choisissant une ligne de jeu qui lui permet de n'en perdre qu'un seul.

Pouvez-vous contrer cette malchance?

SOLUTION

Vous n'avez aucune chance de faire une levée avec le Roi de Carreau, car le déclarant a suffisamment de gagnantes au mort pour défausser tous les Carreaux perdants de sa main, quel qu'en soit le nombre.

La seule lueur d'espoir provient du blocage potentiel des Cœurs. Il vous reste en effet une chance de réaliser deux levées d'atout, si la répartition du déclarant est précisément 3-6-2-2 et que votre partenaire détienne les deux Valets noirs. En fait, à la lumière des deux premières levées, un Valet de Pique troisième en Est est une quasi-certitude. Votre seule chance est donc de plonger de la Dame de Cœur et de contre-attaquer du Roi de Carreau. Cela vous permet de faire sauter l'unique reprise extérieure du déclarant avant qu'il n'ait pu débloquer les Cœurs.

Voici la donne complète :

	♠ A R D 3 ♡ V 4 ◇ D V ♣ A D 9 5 4	
♠ 8 6 4 ♡ D 10 8 6 ◇ R 10 6 2 ♣ 10 2	N O E S	♠ V 9 2 ♡ 9 ◇ 9 8 7 5 3 ♣ V 7 6 3
	♠ 10 7 5 ♡ A R 7 5 3 2 ◇ A 4 ♣ R 8	

Après avoir pris de l'As de Carreau et débloqué le Valet de Cœur, le déclarant ne plus revenir dans sa main sans subir une surcoupe.

Ce coup de Merrimac permet de rétablir une situation compromise par le jeu de sécurité correct adopté par le déclarant.

En effet, une Dame quatrième en Ouest est quatre fois plus fréquente qu'une Dame sèche en Est. Bien que le risque d'une promotion d'atout soit d'environ un tiers des cas (quelle que soit la place du Roi de Carreau, il suffit de le jouer au premier tour de la couleur), c'est ainsi qu'il fallait manier la couleur.

PROBLÈME NUMÉRO 9

Donneur :
Sud

♠ V 6 5
♡ 10 6 3
◇ D 8 5
♣ R 8 4 2

N
O E
S

♠ A D 4
♡ A D V 9 7 4
◇ A R
♣ A 5

Vulnérabilité :
Tous

LES ENCHÈRES

Sud	Ouest	Nord	Est
2♣ *	Passe	2◇ **	Passe
2♡	Passe	3♡	Passe
3♠	Passe	3 SA	Passe
4♣	Passe	5♣	Passe
5◇	Passe	6◇	Passe
6♡	Passe	Passe	Passe

* Albarran.
** Pas d'As – moins de 8 points H ou de deux Rois.

L'ENTAME

Ouest entame de la Dame de Trèfle contre votre chelem.
Quel est votre plan de jeu?

LE POINT DE LA SITUATION

Il existe deux impasses possibles dans les majeures, mais le mort ne dispose que d'une seule rentrée immédiate.

Quelle est l'impasse la plus avantageuse et comment allez-vous l'exécuter?

SOLUTION

C'est un exercice de calcul de probabilités.

Vous devez faire la première levée avec le Roi de Trèfle, car il serait inutilement dangereux d'encaisser les Carreaux d'abord : un mauvais partage dans l'une des mineures (6-1 = 6,8 %) vous mettrait immédiatement en échec.

Vous pouvez présenter le 10 de Cœur et jeter le 7 s'il n'est pas couvert. En effet, si les Cœurs sont 2-2 et le Roi de Cœur mal placé, vous pourrez bénéficier d'une seconde reprise au mort (le 6 de Cœur) pour encaisser la Dame de Carreau après avoir débloqué l'As et le Roi et tenter l'impasse à Pique. Votre première chance (Roi de Cœur sec, second ou troisième en Est) est de 45,2 %. La deuxième, sans accident à Trèfle, est de 9,9 %. Il s'y ajoute deux petites chances annexes, si le Roi de Cœur est quatrième en Est (0,7 %) ou si le Roi de Pique est sec quand le Roi de Cœur est mal placé (0,5 %). Au total, 56,3 %.

Il est toutefois meilleur de tenter l'impasse à Pique. Si elle échoue, le Valet de Pique vous permettra de tenter l'impasse à Cœur. Si elle réussit, vous continuerez par la Dame de Cœur pour créer une reprise au mort grâce au Dix de Cœur. Si la Dame de Cœur reste maîtresse, vous encaisserez l'As et le Roi de Carreau et vous insisterez du Valet de Cœur. Votre première chance est de 47,9 %, car vous pouvez surmonter une partie des partages 4-0 des Cœurs. Votre deuxième chance est de 23,2 %, mais les risques d'être coupé à Pique ne sont pas négligeables et se montent à 3,1 %, ce qui réduit votre total à 68 %.

Voici la donne complète :

	Nord	
	♠ V 6 5 ♡ 10 6 3 ◇ D 8 5 ♣ R 8 4 2	
Ouest ♠ 10 7 3 ♡ R 8 2 ◇ 10 4 2 ♣ D V 10 3	N O E S	**Est** ♠ R 9 8 2 ♡ 5 ◇ V 9 7 6 3 ♣ 9 7 6
	♠ A D 4 ♡ A D V 9 7 4 ◇ A R ♣ A 5	

Il n'est pas nécessaire d'entrer dans des calculs complexes pour savoir de quel côté penche la balance. Ici, votre objectif est de parvenir à exécuter une deuxième impasse une fois que la première a échoué. Si vous ratez l'impasse à Cœur, vous avez besoin de trouver les Cœurs 2-2 pour tenter l'impasse à Pique. Si vous ratez l'impasse à Pique, il vous suffit que les Piques ne soient pas 6-1 ou 7-0 pour atteindre le mort une deuxième fois.

Ne négligez pas non plus les partages exotiques. Si vous donnez deux tours de Trèfle et deux tours de Carreaux avant d'avoir purgé les atouts, les risques de coupe affleurent les 14 %.

PROBLÈME NUMÉRO 10

Donneur :
Est

♠ D V 9
♡ R D 7 5 4 2
◇ 10 6 5
♣ 6

N
O E
S

♠ A 10 6 5 4 3
♡ –
◇ D 7 4
♣ A R 5 4

Vulnérabilité :
Personne

LES ENCHÈRES

Est	Sud	Ouest	Nord
1 ◇ *	1 ♠	Contre **	2 ♠
3 ♣	4 ♠	Contre	Passe
Passe	Passe		

* *Fourre-tout* (Trèfle de précision).
** *Spoutnik* (quatre Cœurs).

L'ENTAME

Ouest entame du 2 de Trèfle. Est fournit le Valet et vous encaissez vos deux Trèfles en défaussant un Carreau du mort. Vous continuez par un troisième Trèfle que vous coupez, Ouest fournissant le 10. Est couvre votre Roi de Cœur de l'As. Vous coupez et vous jouez votre dernier Trèfle, que vous coupez, Ouest défaussant un Carreau. Enfin, vous encaissez la Dame de Cœur en défaussant un Carreau de votre main.

Comment continuez-vous?

LE POINT DE LA SITUATION

Vous devez concéder deux Carreaux et vous ne pouvez pas vous permettre de perdre plus d'un atout.

Quelle carte devez-vous jouer du mort?

SOLUTION

Il est clair que vous n'allez pas gagner ce contrat si Ouest détient les quatre atouts manquants. Toutefois, il convient de prendre en compte les deux Contres et l'entame d'Ouest, ainsi que le début du coup. On voit mal comment Ouest pourrait ne pas détenir le Roi de Pique troisième et l'As ou le Roi de Carreau. De plus, il a déjà défaussé un Carreau, certainement pour se réduire à deux cartes dans la couleur. On peut donc lui attribuer 7-8 points H et une répartition 3-4-3-3. Cela laisse en Est 11-12 points H, et une répartition 1-3-4-5.

Voici donc la donne complète dans sa disposition la plus probable, où les cartes déjà jouées figurent entre parenthèses :

	♠ **D** (V 9) ♡ (R D) **7 5 4 2** ◇ **10 6** (5) ♣ (6)	
♠ **R 8 2** ♡ **V 9** (6 3) ◇ **R 3** (2) ♣ (10 8 2)	N O E S	♠ **7** ♡ (A) **10** (8) ◇ **A V 9 8** ♣ **D** (V 9 7 3)
	♠ **A 10 6 5 4** (3) ♡ – ◇ **D 7** (4) ♣ (A R 5 4)	

Vous êtes à sept cartes de la fin, la situation étant matérialisée en gras.

Si vous jouez la Dame de Pique, Ouest prendra du Roi et continuera par le Roi et un petit Carreau. Après l'As de Carreau, Est vous mettra en surcoupe dans une mineure pour promouvoir une deuxième levée d'atout.

La fin de coup sera identique si vous coupez un Cœur et que vous sortiez à Carreau. Est fera la première levée dans la couleur (en prenant de l'As le Roi de son partenaire si vous attaquez de la Dame) et rejouera atout. Vous devrez laisser passer, et deux tours de Carreau permettront à Ouest de faire son 8 de Pique *en passant.*

La seule manière d'éviter cet accident est de jouer Carreau du mort. Est ne pourra prendre la main qu'une seule fois, et vous ne perdrez que deux Carreaux et un atout.

Les enchères, l'entame et les premières levées permettent souvent de visualiser les points d'honneurs et la répartition des jeux cachés. Ici, la promotion d'un atout exigeait deux reprises en Est et le remède consistait à ne lui en laisser qu'une.

PROBLÈME NUMÉRO 11

Donneur :
Sud

♠ V 9 4 2
♡ D 5 2
◇ 9 4
♣ A 6 4 3

N
O E
S

♠ A R 6 5 3
♡ 7 4 3
◇ A R 6 2
♣ 9

Vulnérabilité :
Tous

LES ENCHÈRES

Sud	Ouest	Nord	Est
1 ♠	Passe	2 ♠	Passe
3 ◇	Passe	4 ♠	Passe
Passe	Passe		

L'ENTAME

Ouest entame de la Dame de Trèfle, pour l'As du mort.
Quel est votre plan de jeu?

LE POINT DE LA SITUATION

L'entame d'Ouest exclut à coup sûr qu'il détienne l'As et le Roi de Cœur, et votre chance est peut-être d'avoir échappé à une attaque meurtrière dans cette couleur. La suite sera facile si les atouts sont partagés 2-2.

Que faut-il faire s'ils sont 3-1?

SOLUTION

Si la Dame de Pique est troisième, vous devez mettre en œuvre une double coupe complète se terminant par un *coup en passant*. Pour que le minutage soit correct, vous devez couper un Trèfle immédiatement. Cette manœuvre vous permettra également d'éviter une surcoupe si la Dame de Pique est sèche.

Tirez ensuite l'As de Pique. Si la Dame de Pique tombe en Est, vous couperez un Carreau puis un second Trèfle pour assurer votre contrat. Si elle tombe en Ouest, vous jouerez de la même façon, mais vous serez sans doute obligé de couper le quatrième Carreau du Valet de Pique pour pouvoir couper le dernier Trèfle du mort.

Si ce n'est pas le cas, tirez le Roi de Pique et tablez si tout le monde fournit. Sinon, encaissez l'As et le Roi de Carreau et coupez successivement les Carreaux et les Trèfles en espérant que tout se passera bien.

Voici la donne complète :

	♠ V 9 4 2 ♡ D 5 2 ◇ 9 4 ♣ A 6 4 3	
♠ D 10 7 ♡ R 10 8 ◇ V 7 ♣ D V 10 8 5	N O E S	♠ 8 ♡ A V 9 6 ◇ D 10 8 5 3 ♣ R 7 2
	♠ A R 6 5 3 ♡ 7 4 3 ◇ A R 6 2 ♣ 9	

En pratique, la levée d'atout se trouve en Ouest, mais heureusement avec des Trèfles longs. Il peut défausser un Trèfle sur le troisième Carreau, mais le quatrième lui pose un dilemme insoluble. S'il défausse son dernier Trèfle, celui du mort devient maître, sinon, vous le coupez en toute impunité.

Les jeux de double coupe sont une bonne réponse aux mauvais partages d'atout, mais au moment où vous les mettez en œuvre après avoir encaissé vos gagnantes, vous devez avoir soit autant d'atouts dans chaque main, soit un atout de plus dans la main qui coupe en premier.

Cette ligne de jeu vous aurait permis de gagner contre de nombreuses répartitions différentes, par exemple, en Est :

♠ D 10 7	♡ A V 9	◇ D 10 8 5	♣ R 7 3
♠ 10 8 7	♡ A V 9	◇ D 10 5	♣ R 7 3 2

PROBLÈME NUMÉRO 12

Donneur :
Nord

♠ –
♡ 10 7 6 2
♢ A R D V 10 6
♣ R 5 4

N O E S	♠ A D V 7 ♡ R 8 4 3 ♢ 5 ♣ A V 8 7

Vulnérabilité :
Personne

LES ENCHÈRES

Nord	Est	Sud	Ouest
1 ♢	Contre	Surcontre	1 ♠
3 ♢	Passe	3 SA	Passe
Passe	Passe		

L'ENTAME

Ouest entame du Dix de Trèfle, qui va jusqu'à la Dame du déclarant. Celui-ci entreprend aussitôt de défiler tous ses Carreaux.

Vous devez prévoir cinq défausses. Lesquelles?

LE POINT DE LA SITUATION

Votre partenaire a peut-être trouvé une bonne entame pour votre camp, mais la situation paraît franchement désespérée. Le déclarant, qui a déjà un Trèfle et six Carreaux dans son escarcelle, va mener sa tâche à bien s'il parvient à faire deux levées à Cœur.

Cela vous donne-t-il une idée?

SOLUTION

Vous devez fonder votre plan défensif sur la présence de la Dame de Cœur au moins seconde dans le jeu de votre partenaire, car il n'y a pas d'autre espoir. S'il détient cette carte vitale et qu'elle ne soit pas sèche, il pourra prendre la main et traverser le Roi de Trèfle pour faire chuter le contrat.

Cela exige cependant que vous défaussiez trois Piques et deux Cœurs, **dont le Roi**. Ne commettez pas l'erreur de défausser deux petits Cœurs en conservant le Roi second : cela permettrait au déclarant d'établir une deuxième levée dans la couleur sans laisser la main à votre partenaire. Il est impératif de jeter le Roi de Cœur pour assurer cette reprise.

Voici la donne complète :

	Nord	
	♠ – ♡ 10 7 6 2 ♢ A R D V 10 6 ♣ R 5 4	
♠ 8 6 4 3 ♡ D 5 ♢ 9 8 7 3 ♣ 10 9 2	N O E S	♠ A D V 7 ♡ R 8 4 3 ♢ K ♣ A V 8 7
	♠ R 10 9 5 2 ♡ A V 9 ♢ 4 2 ♣ D 6 3	

Vous pouvez visualiser ce qui vous menace si vous gardez le Roi de Cœur second. Après en avoir terminé avec les Carreaux, le déclarant jouera Cœur du mort : si vous intercalez le Roi, il vous laissera maître; si vous fournissez un petit, il mettra l'As et rejouera le Valet. Dans les deux cas, il terminera avec dix levées.

Les déclarants ne sont pas tous devins, mais ici, votre adversaire du jour ne devrait pas se tromper en fin de coup si vous omettez ce déblocage. En effet, il ne peut pas gagner si votre partenaire a l'As de Pique, mais si vous avez Roi-Dame de Cœur, vous devrez lui rendre un des Rois noirs.

N'oubliez pas non plus le traditionnel « *Merci pour l'entame* » à l'adresse de votre partenaire : il le mérite.

PROBLÈME NUMÉRO 13

Donneur :
Sud

♠ V 10 3
♡ D 10 4 2
◊ A R V
♣ A 9 7

N
O E
S

♠ A R 7
♡ A 9 8 7 5 3
◊ D 9 5
♣ 6

Vulnérabilité :
Personne

LES ENCHÈRES

Sud	Ouest	Nord	Est
1♡	Passe	2 SA *	Passe
3♡	Passe	4♡	Passe
4♠	Passe	4 SA **	Passe
5♡ **	Passe	6♡	Passe
Passe	Passe		

* Baron (15 H ou plus, balancé).
** Blackwood cinq As – Deux ou cinq clefs.

L'ENTAME

Ouest entame de la Dame de Trèfle, pour l'As du mort.
Quel est votre plan de jeu?

LE POINT DE LA SITUATION

Le problème est de combiner au mieux vos chances dans les majeures. Vous disposez d'un jeu de sécurité simple pour éviter de perdre plus d'un atout – il suffit d'attaquer d'un petit Cœur du mort et de couvrir économiquement la carte d'Est – mais peut-être aurez-vous besoin de n'en perdre aucun.

En fait, par quelle majeure faut-il commencer?

SOLUTION

Si vous n'avez pas de perdante à Pique, vous pouvez vous permettre de manier les Cœurs en sécurité. Effectuer l'impasse à Pique à la deuxième levée comporte des avantages. Si elle réussit, vous jouerez pour ne perdre qu'un atout. Si elle échoue, vous prendrez la chance d'un Roi de Cœur sec, ce qui se produira environ une fois sur quatre. Au total, 62,2 %.

Il est toutefois meilleur de prévoir un jeu d'élimination. Coupez un Trèfle à la deuxième levée et tirez l'As de Cœur. Vos problèmes sont terminés si le Roi de Cœur est sec. S'il est second, allez au mort par le Roi de Carreau pour couper le dernier Trèfle, encaissez un de vos deux Piques, puis les deux Carreaux, et rejouez Cœur. Si Ouest prend la main, vous tablerez. Sinon, vous vous rabattrez sur l'impasse à Pique. Enfin, si les trois Cœurs manquants sont en Ouest, faites tomber les atouts et tentez votre chance à Pique. Au total, 71 %.

Voici la donne complète :

	♠ V 10 3 ♡ D 10 4 2 ◇ A R V ♣ A 9 7	
♠ D 6 2 ♡ R V ◇ 7 6 3 ♣ D V 10 8 4	N O E S	♠ 9 8 5 4 ♡ 6 ◇ 10 8 4 2 ♣ R 5 3 2
	♠ A R 7 ♡ A 9 8 7 5 3 ◇ D 9 5 ♣ 6	

Il est souvent plus simple de compter les combinaisons favorables lorsqu'elles sont de fréquence voisine si l'on veut comparer les mérites de deux lignes de jeu différentes.

Ici, le partage 2-1 des Cœurs comporte six combinaisons et le partage 3-0 deux (6 × 13 % = 78 % – 2 × 11 % = 22 %). Ce nombre est doublé par les deux positions possibles de la Dame de Pique.

Lorsque vous commencez par l'impasse à Pique, huit combinaisons sont favorables si elle réussit, et deux seulement si elle échoue, pour un total de dix.

Si vous optez pour l'élimination, quatre combinaisons sont favorables quelle que soit la situation de la Dame de Pique, et trois autres exigent la réussite d'une impasse, pour un total de onze.

Cette approximation est suffisante pour faire le bon choix, sans tenir compte des petites chances ou malchances additionnelles, que l'on peut négliger pour le calcul, mais pas dans l'exécution du coup. Par exemple, le coup de sonde donné à Pique permet de gagner si la Dame de Pique est sixième en Ouest, le Roi de Cœur étant second en Est (1 %).

PROBLÈME NUMÉRO 14

Donneur :
Ouest

♠ 8 3
♡ D 7 4
◇ R 10 4 3
♣ D 10 8 3

N
O E
S

♠ R 7 6
♡ A R V 6 2
◇ A D V 5
♣ 9

Vulnérabilité :
Personne

LES ENCHÈRES

Ouest	Nord	Est	Sud
1♣	Passe	1♠	Contre
Passe	2◇	Passe	2♡
Passe	4♡	Passe	Passe
Passe			

L'ENTAME

Ouest entame de l'As de Trèfle – Est fournissant le 2 de Trèfle – et contre-attaque du 5 de Cœur.

Quel est votre plan de jeu?

LE POINT DE LA SITUATION

L'ouverture situe l'As de Pique en Ouest, en plus de l'As et du Roi de Trèfle, et la défense espère manifestement vous empêcher de couper votre troisième Pique au mort.

Avez-vous une parade?

SOLUTION

Vous pourrez parvenir à couper un Pique si Ouest n'a pas plus de deux atouts. Il suffit pour cela d'attaquer d'un petit Pique au premier tour de la couleur, puis du Roi au deuxième. Ouest sera sans défense s'il n'a plus d'atout.

Évidemment, l'affaire comporte des risques, mais la qualité de vos intermédiaires dans les mineures vous offre une ligne de jeu bien meilleure. Elle assure votre contrat si Ouest n'a pas plus de trois Carreaux. Purgez les atouts et encaissez trois Carreaux en commençant par l'As et la Dame pour terminer au mort par le Dix. Présentez ensuite la Dame de Trèfle en défaussant un petit Pique de votre main. En main par le Roi de Trèfle, Ouest devra vous livrer une dixième levée. S'il rejoue Trèfle, le Dix de Trèfle s'affranchira quelle que soit la place du Valet et la reprise du Roi de Carreau vous permettra de l'encaisser. Sinon, vous ferez votre Roi de Pique.

Voici la donne complète :

	Nord	
	♠ 8 3 ♡ D 7 4 ♢ R 10 4 3 ♣ D 10 8 3	
♠ A 9 4 ♡ 9 8 5 ♢ 8 2 ♣ A R V 7 4	N O E S	♠ D V 10 5 2 ♡ 10 3 ♢ 9 7 6 ♣ 6 5 2
	♠ R 7 6 ♡ A R V 6 2 ♢ A D V 5 ♣ 9	

Cette élimination avec mise en main perdante sur perdante est très supérieure sur le plan des probabilités, Ouest ayant plus de chances de détenir trois ou quatre Cœurs que quatre Carreaux.

De plus, vous gagnez si l'As de Pique est par hasard en Est (les ouvertures faibles ne sont pas interdites) et vous aurez encore des ressources si Ouest détient quatre Carreaux. Coupez un Trèfle et tirez toutes vos gagnantes en terminant au mort à Carreau. À trois cartes de la fin, vous restez avec le Roi de Pique troisième en face de la Dame de Trèfle seconde accompagnée d'un petit Pique. Pour sa part, Ouest aura été obligé de sécher l'un de ses As noirs : à vous de deviner lequel.

PROBLÈME NUMÉRO 15

Donneur : Sud	♠ V 5 ♡ 7 6 2 ◇ D 6 4 ♣ V 9 5 3 2	*Vulnérabilité :* Nord-Sud

N
O E
S

♠ A R D 10 9 6
♡ A R 5
◇ A R 5 2
♣ –

LES ENCHÈRES

Sud	Ouest	Nord	Est
2 ♣ *	Passe	2 ◇ **	Passe
2 ♠	Passe	2 SA	Passe
3 ◇	Passe	3 ♠	Passe
4 ♡	Passe	4 ♠	Passe
5 ♠	Passe	6 ♠	Passe
Passe	Passe		

* Albarran.
** Pas d'As – moins de 8 H ou de deux Rois.

L'ENTAME

Ouest entame du 4 de Trèfle, pour l'As de son partenaire. Quel est votre plan de jeu?

LE POINT DE SITUATION

Ce n'est pas le meilleur des chelems. À priori, il semble que vous deviez compter essentiellement sur un partage 3-3 des Carreaux (35,5 %). La première levée laisse supposer que le Roi et la Dame de Trèfle sont séparés et cette couleur ne fournira pas de menace pour un squeeze. Votre enchère de 5 ♠ était sans doute trop audacieuse, car votre partenaire apporte deux honneurs qui valent de l'or et qu'il n'était pas censé détenir.

Comment les utiliser au mieux pour augmenter vos chances?

SOLUTION

Deux lignes de jeu vous permettent d'améliorer nettement vos chances.

La plus simple consiste à défausser un Cœur sur l'As de Trèfle. Vous rectifiez le compte en vue d'un squeeze dans les rouges. Il fonctionne si l'un des deux flancs détient à la fois au moins quatre Carreaux et au moins cinq Cœurs (+ 5,7 %).

Il est toutefois meilleur sur le plan des probabilités (+ 8,6 %) de chercher en Est exactement deux Carreaux, avec au plus deux Piques, mais cette ligne de jeu exige un contretemps suivi d'une manœuvre de Guillemart.

Voici une des dispositions matérialisant cet avantage :

	♠ V 5 ♡ 7 6 2 ◇ D 6 4 ♣ V 9 5 3 2	
♠ 8 4 2 ♡ D 10 9 ◇ V 9 7 3 ♣ R 6 4	N O E S	♠ 7 3 ♡ V 8 4 3 ◇ 10 8 ♣ A D 10 8 7
	♠ A R D 10 9 6 ♡ A R 5 ◇ A R 5 2 ♣ –	

Coupez l'As de Trèfle, continuez par l'As et la Dame de Carreau, puis jouez le dernier Carreau du mort. Vous ne perdez rien si la couleur est partagée 3-3, mais ici, Est se trouve confronté à un cruel dilemme.

S'il ne coupe pas, vous ferez votre Roi de Carreau *en passant*, et vous couperez le quatrième Carreau du Valet de Pique.

S'il choisit de couper et qu'il contre-attaque Cœur, vous prendrez de l'As, vous tirerez un atout maître de votre main et vous défausserez un Cœur du mort sur le quatrième Carreau. Sauf accident (Cœurs 6-1), vous couperez votre Cœur perdant avec le Valet de Pique.

Comment choisir correctement à la table ? D'une manière approximative, en comptant les cartes manquantes des couleurs concernées par la manœuvre, puis en comparant la fréquence des partages exigés.

Lorsqu'il s'agit d'un nombre impair de cartes (à partir de sept), les fréquences relatives des partages les plus symétriques – une, trois ou cinq cartes d'écart – sont analogues : 60 % – 30 % – 10 %. Grosso modo, le premier est deux fois plus fréquent que le deuxième, lui-même trois fois plus fréquent que le troisième. Par ce procédé, il est facile de déterminer que les chances de la deuxième ligne de jeu, qui ne concerne qu'un seul flanc, mais qui suppose un partage 7-4 de onze cartes, sont une fois et demie supérieures à celles de la première, qui exige un partage 9-4 de treize cartes.

PROBLÈME NUMÉRO 16

Donneur : Sud

Vulnérabilité : Tous

Nord :
♠ 10 7 2
♡ A V 7 4
◇ A 8 2
♣ D V 5

Ouest :
♠ A 5
♡ 3
◇ R V 10 9 6 3
♣ R 8 7 2

LES ENCHÈRES

Sud	Ouest	Nord	Est
1 ♡	2 ◇	3 ◇	Passe
4 ♡	Passe	Passe	Passe

L'ENTAME

Vous entamez de l'As de Pique. Votre partenaire vous encourage du 9 de Pique, prend votre retour du Roi et rejoue le 6 de Pique, que vous coupez avec votre unique atout. Sur ces trois levées, le déclarant a fourni le 4, le Valet et la Dame de Pique.

Quelle est votre contre-attaque?

LE POINT DE LA SITUATION

Il est satisfaisant d'être parvenu à couper un Pique, mais il semble que cette opération vous ait retiré toute carte de sortie. Le déclarant a sûrement l'As de Trèfle et probablement la Dame de Carreau, auquel cas vos deux retours possibles vont sans doute coûter une levée.

Quel est le bon choix?

SOLUTION

Même si votre retour donne une levée, il ne donnera pas nécessairement le contrat. Le déclarant a probablement six Cœurs et trois levées dans les mineures porteront son total à neuf. Toutefois, le danger vient d'un squeeze Carreau-Trèfle qui pourrait lui en fournir une dixième.

L'As de Carreau sera la seule reprise du mort après le défilé des Cœurs et vous pouvez casser la position d'un squeeze éventuel en faisant sauter cette carte. Le Roi de Carreau est le seul retour convenable à ce stade.

Voici la donne complète :

	Nord	
	♠ 10 7 2 ♡ A V 7 4 ◇ A 8 2 ♣ D V 5	
♠ A 5 ♡ 3 ◇ R V 10 9 6 3 ♣ R 8 7 2	N O E S	♠ R 9 8 6 3 ♡ 9 5 ◇ 7 4 ♣ 9 6 4 3
	♠ D V 4 ♡ R D 10 8 6 2 ◇ D 5 ♣ A 10	

Ce retour couvre tous les cas où le contrat pouvait chuter. Le déclarant n'a pas nécessairement la Dame de Carreau, mais il pourrait aussi détenir sept Cœurs et la Dame de Carreau sèche.

La carte jouée par votre partenaire à la troisième levée vous donnait la clef du coup, car c'est une situation typique où un signal de préférence s'impose. Parmi les trois Piques qui lui restaient, il a choisi l'intermédiaire, déniant ainsi tout honneur dans les mineures. Avec la Dame de Carreau, il aurait évidemment contre-attaqué du 8 de Pique.

PROBLÈME NUMÉRO 17

Donneur :
Est

Vulnérabilité :
Nord-Sud

♠ 6 5 4 2
♡ A D 3
◇ V 6 4
♣ D 8 2

N
O E
S

♠ A R
♡ 8 6 5
◇ R D 7 3 2
♣ A 7 4

LES ENCHÈRES

Est	Sud	Ouest	Nord
1 ♠	1 SA	Passe	3 SA
Passe	Passe	Passe	

L'ENTAME

Ouest entame de la Dame de Pique, que vous prenez du Roi, Est fournissant le Valet.

Quel est votre plan de jeu?

LE POINT DE LA SITUATION

Deux Piques, quatre Carreaux, l'As de Cœur et l'As de Trèfle vous apporteront huit levées. L'ouverture situe les deux Rois manquants en Est, et vous pourrez certainement organiser une fin de coup quelconque pour trouver la neuvième.

Existe-t-il des dangers masqués?

SOLUTION

Est détient tous les honneurs clefs pour justifier son ouverture et il ne devrait pas être trop difficile de lire correctement la situation en fin de coup. Il serait cependant imprudent de fonder tout votre plan sur un partage 3-2 des Carreaux. Rien ne prouve que l'As de Carreau d'Est n'est pas sec. Vous pouvez vous protéger d'une telle éventualité, car vous n'avez pas besoin de conserver des fourchettes menaçantes à la fois à Trèfle et à Cœur. Une seule suffit pour votre mise en main finale.

Allez au mort par l'As de Cœur pour attaquer les Carreaux d'un petit vers votre main.

Voici la donne complète :

	♠ 6 5 4 2 ♡ A D 3 ♢ V 6 4 ♣ D 8 2	
♠ D 3 ♡ 9 7 2 ♢ 10 9 8 5 ♣ V 10 6 5	N O E S	♠ V 10 9 8 7 ♡ R V 10 4 ♢ A ♣ R 9 3
	♠ A R ♡ 8 6 5 ♢ R D 7 3 2 ♣ A 7 4	

Après l'As de Carreau, Est affranchit ses Piques, mais il devra défausser ultérieurement un Pique, deux Cœurs et un Trèfle. Vous le mettrez en main à Cœur pour qu'il livre la Dame de Trèfle du mort.

Bien entendu, Est peut essayer de vous tromper sur la position finale en défaussant un Pique, le **Valet de Cœur** et deux Trèfles, mais, ayant soigneusement noté le 2 de Cœur fourni par Ouest au premier tour de la couleur, vous lirez correctement la position et vous tirerez l'As de Trèfle pour capturer le Roi devenu sec.

La mise en main pouvait se faire soit à Cœur, soit à Trèfle, mais l'As de Cœur était indispensable pour manier les Carreaux en sécurité.

Par ailleurs, les cartes de compte fournies par la défense sont plus fiables au début du coup, lorsque la menace n'est pas évidente, qu'à la fin du coup, quand chacun connaît son sort.

PROBLÈME NUMÉRO 18

Donneur : Est

Vulnérabilité : Tous

♠ A 7 6 4 2
♡ V 5
◇ 10 9 7 6
♣ 9 4

	N	
O		E
	S	

♠ –
♡ A R 10 7 6 3 2
◇ 2
♣ R D 7 6 5

LES ENCHÈRES

Est	Sud	Ouest	Nord
1 SA *	4♡	Passe	Passe
Passe			

* 15 – 17 H.

L'ENTAME

Ouest entame du Valet de Trèfle. Est prend de l'As et rejoue le 2 de Trèfle. Votre Roi fait la levée, Ouest fournissant le 3 de Trèfle.

Quel est votre plan de jeu?

LE POINT DE LA SITUATION

Quel dommage que vous n'ayez aucun moyen d'atteindre rapidement l'As de Pique du mort.

Pouvez-vous vous en passer?

SOLUTION

Vous pourriez envisager de présenter le Dix de Cœur de votre main, pour vous créer une reprise au mort grâce au Valet de Cœur. Ce plan a des attraits superficiels, mais n'est pas raisonnable. Est pourrait prendre de la Dame de Cœur, encaisser un Carreau et rejouer atout. Vous défausserez votre cinquième Trèfle sur l'As de Pique, mais vous risquez d'avoir encore un Trèfle à perdre si la couleur est partagée 4-2.

Ce cinquième Trèfle étant une gagnante quoi qu'il arrive, vous n'avez pas besoin de l'As de Pique si vous parvenez à couper un Trèfle au mort. Il serait pourtant imprudent de couper un Trèfle, soit immédiatement, soit après avoir tiré un coup d'atout. Est pourrait surcouper de la Dame de Cœur, retrouver son partenaire à Carreau et obtenir une deuxième coupe qui ferait chuter votre manche.

Vous devez d'abord supprimer l'unique communication possible de la défense. En jouant Carreau à la troisième levée, vous assurez votre contrat, pourvu qu'Est ne détienne pas les quatre atouts manquants. Vous prendrez de l'As un éventuel retour à Cœur et vous couperez un petit Trèfle avec le Valet de Cœur. Qu'Est surcoupe ou non, les défenseurs ne feront pas plus de trois levées.

Voici la donne complète :

	♠A 7 6 4 2 ♡V 5 ♢10 9 7 6 ♣9 4	
♠V 9 8 5 ♡4 ♢A 8 4 3 ♣V 10 8 3	N O E S	♠R D 10 3 ♡D 9 8 ♢R D V 5 ♣A 2
	♠– ♡A R 10 7 6 3 2 ♢2 ♣R D 7 6 5	

Une entame très anormale à Cœur ou à Carreau aurait fait chuter votre contrat.

Cela ne vous dérange pas qu'Est fasse une coupe avec son argent. Ce coup de ciseaux l'empêche d'en faire une seconde avec le vôtre.

PROBLÈME NUMÉRO 19

Donneur :
Sud

♠ A 10 8 6 3
♡ D V 9 3
◇ V 4
♣ 6 2

N
O E
S

♠ 4
♡ A R 10 8 2
◇ A R 6
♣ A 10 7 3

Vulnérabilité :
Tous

LES ENCHÈRES

Sud	Ouest	Nord	Est
1 ♡	Passe	3 ♡	Passe
6 ♡	Passe	Passe	Passe

L'ENTAME

Ouest entame du 4 de Cœur contre votre chelem. Vous fournissez le 3 du mort, Est défausse le 2 de Carreau et vous prenez de l'As de Cœur. Comment devez-vous continuer?

LE POINT DE LA SITUATION

Le mauvais partage des atouts écarte tout projet d'établir un Pique de longueur, ne laissant qu'un jeu de double coupe comme seule chance de réussir ce chelem.

Parviendrez-vous à couper les deux Trèfles et le Carreau de votre main, ainsi que les quatre Piques du mort?

SOLUTION

Il existe un écueil. Pour mettre à exécution votre plan de double coupe, vous êtes obligé de concéder un Trèfle avant de couper les deux autres. Ouest devrait être capable de prendre la main et, sans aucun doute, il rejouera atout, vous laissant à court d'une levée. Il vous faut empêcher cela, d'une manière ou d'une autre.

Votre meilleure chance, et de loin, consiste à tenter d'échanger votre perdante à Trèfle contre une perdante à Carreau. Attaquez d'un petit Carreau vers le Valet à la deuxième levée, dans l'espoir qu'Est sera obligé de prendre la main. De sa part, aucun retour ne vous gêne.

Voici la donne complète :

	♠A 10 8 6 3 ♡D V 9 3 ♢V 4 ♣6 2	
♠D 9 5 ♡7 6 5 4 ♢10 8 3 ♣R V 9	N O E S	♠R V 7 2 ♡– ♢D 9 7 5 2 ♣D 8 5 4
	♠4 ♡A R 10 8 2 ♢A R 6 ♣A 10 7 3	

Est prend le Valet de Carreau de la Dame. Supposons qu'il rejoue Trèfle. Vous prenez de l'As et vous encaissez vos deux Carreaux en défaussant le second Trèfle du mort. Vous continuez par l'As de Pique et vous coupez un Pique avec le 2 de Cœur. Ces formalités accomplies, vous terminez par une double coupe maîtresse, pour douze levées.

Pour réussir votre chelem, vous avez besoin de trouver la Dame de Carreau en Est, ainsi qu'un partage 4-4 ou 5-3 de la couleur. Compte tenu de la disposition connue des Cœurs, vos chances dépassent 40 % (42,3 %). L'alternative serait de jouer l'As et le Dix de Trèfle, avec l'espoir de trouver les trois honneurs manquants en Est. Les chances de cette ligne de jeu sont très inférieures (18,6 %). Elles le seraient également (33,8 %) si vous aviez le Valet de Trèfle à la place du Dix.

PROBLÈME NUMÉRO 20

Donneur :
Est

♠ 10 8 6 5 2
♡ R 9 5 4 2
♢ 9
♣ A 4

N / O E / S

♠ A 9 7
♡ A D 6
♢ R D V 8 7
♣ 9 2

Vulnérabilité :
Est-Ouest

LES ENCHÈRES

Est	Sud	Ouest	Nord
1 ♢	1 SA	Passe	2 ♢
Contre	Passe	Passe	3 ♢
Passe	3 SA	Passe	Passe
Passe			

L'ENTAME

Votre partenaire entame du 6 de Carreau, pour votre Valet et l'As du déclarant. Celui-ci continue par le Roi de Pique, que vous laissez passer, Ouest fournissant le 4. La Dame de Pique suit, Ouest fournissant le 3 de Pique.

Quel est votre plan défensif?

LE POINT DE LA SITUATION

L'écho d'Ouest vous indique que le Valet de Pique se trouve chez le déclarant. Il semble étrange que Sud n'ait pas choisi de jouer la manche à l'atout Pique.

Pouvez-vous vous permettre de faire cette levée et d'insister à Carreau?

SOLUTION

Votre partenaire n'a pas plus d'un Valet et le déclarant détient certainement un second arrêt à Carreau. Vous ne pouvez pas vous permettre de le faire sauter : un deuxième Carreau, s'ajoutant aux quatre Piques visibles au mort et aux trois Trèfles présumés la main cachée, lui donneraient sa neuvième levée.

Faut-il jouer neutre, c'est-à-dire prendre de l'As de Pique et rejouer Pique? Non. Le défilé des deux Piques et des trois Trèfles maîtres vous réduirait à trois gagnantes et une perdante, la Dame de Cœur ou le 8 de Carreau. Vous seriez mis en main à Cœur ou à Carreau, suivant vos défausses, puis obligé de livrer une levée dans l'autre couleur.

La seule manière de mettre le déclarant en difficulté est d'attaquer ses communications pendant que les Piques ne sont pas encore débloqués. Prenez l'As de Pique, encaissez un Carreau si cela vous plaît, puis contre-attaquez Trèfle. Cette défense sera mortelle même si le déclarant a quatre Trèfles maîtres. Qu'il prenne au mort ou dans sa main, il ne pourra encaisser ses gagnantes que dans une seule des couleurs noires et le contrat chutera d'une levée.

Voici la donne complète :

	♠ 10 8 6 5 2 ♡ R 9 5 4 2 ♢ 9 ♣ A 4	
♠ 4 3 ♡ V 3 ♢ 6 4 2 ♣ 10 8 7 6 5 3	N O E S	♠ A 9 7 ♡ A D 6 ♢ R D V 8 7 ♣ 9 2
	♠ R D V ♡ 10 8 7 ♢ A 10 5 3 ♣ R D V	

Ironie du sort : le contrat de 4 ♡ chute sur entame Pique, et celui de 4 ♠ chute sur entame Cœur, sauf s'il est joué par Nord.

Le premier cue-bid de Nord était nécessaire, le second maladroit quand il pouvait nommer successivement ses couleurs.

Quand vous détenez un As et que vous êtes sûr de le faire, ne le jouez pas avant d'avoir décidé de votre contre-attaque.

Ici, il fallait compter les points d'honneurs et les levées du déclarant, tout en faisant confiance aux cartes jouées par votre partenaire.

PROBLÈME NUMÉRO 21

Donneur :		*Vulnérabilité :*
Est	♠ R D V 4 ♡ A D 6 ◇ R 10 8 5 ♣ R D	Tous
	N O E S	
	♠ A 8 7 5 2 ♡ 9 3 ◇ V 9 ♣ 9 6 4 2	

LES ENCHÈRES

Est	Sud	Ouest	Nord
1♣	Passe	Passe	Contre
Passe	1♠	Passe	2♣
Passe	2♠	Passe	3♠
Passe	4♠	Passe	Passe
Passe			

L'ENTAME

Ouest entame du 3 de Trèfle. Est prend de l'As et rejoue le 5 de Trèfle, pour le Roi du mort, Ouest fournissant le 7 de Trèfle. Quand vous tirez le Roi de Pique, vous collectez deux petits atouts de part et d'autre.

Comment devez-vous continuer?

LE POINT DE LA SITUATION

L'impasse à Cœur a toute chance d'échouer, mais il devrait être possible de totaliser dix levées, *via* six atouts, deux Carreaux, un Cœur et un Trèfle.

Des écueils se profilent-ils à l'horizon?

SOLUTION

Le problème est de rester maître de la situation. Si les atouts sont 3-1, vous ne pouvez pas vous permettre de les purger avant de vous attaquer aux Carreaux, car cela permettrait à Est d'établir son quatrième Trèfle. Continuer d'un petit Pique vers l'As pour présenter le Valet de Carreau ne serait pas non plus sécurisant. Est pourrait promouvoir une levée d'atout en forçant le mort à Couper deux Trèfles.

Les Carreaux doivent être attaqués du mort immédiatement. Comme Ouest peut détenir la Dame de Carreau, mais certainement pas l'As, la carte juste est le Roi de Carreau. Cela vous protège d'une attaque prématurée des Cœurs à travers le mort. Peu vous importe qu'Ouest prenne la main au second tour de la couleur, lorsque vos deux gagnantes seront établies, car à ce stade, vous pourrez mettre l'As, purger les atouts et tabler.

Voici la donne complète :

	Nord	
	♠ R D V 4 ♡ A D 6 ♢ R 10 8 5 ♣ R D	
Ouest ♠ 6 ♡ V 8 7 5 2 ♢ 7 6 4 2 ♣ 8 7 3	N O E S	**Est** ♠ 10 9 3 ♡ R 10 4 ♢ A D 3 ♣ A V 10 5
	♠ A 8 7 5 2 ♡ 9 3 ♢ V 9 ♣ 9 6 4 2	

Telles que sont les cartes, vous pouvez également gagner en jouant n'importe quel Carreau du mort à la quatrième levée, mais le score maximal ne sera justifié que par l'attaque du Roi de Carreau.

Le compte des points H et les trois premières levées donnaient la clef du coup. Est, qui n'avait que quatre Trèfles, devait nécessairement détenir au moins 12 points H pour ouvrir dans cette situation. Cela laissait au plus 3 points H en Ouest qui, de toute manière, n'aurait pas passé sur l'ouverture d'1 ♣ avec un As, et au moins quatre Cœurs.

Une entame à Cœur aurait fait chuter votre manche.

PROBLÈME NUMÉRO 22

Donneur :
Sud

♠ 9 7 4
♡ 10 6 4 3
◇ A D V
♣ A 10 3

N
O E
S

♠ A R D V 6
♡ A
◇ 10 9 4 2
♣ 8 7 2

Vulnérabilité :
Tous

LES ENCHÈRES

Sud	Ouest	Nord	Est
1 ♠	Passe	2 SA	Passe
3 ◇	Passe	4 ♠	Passe
Passe	Passe		

L'ENTAME

Ouest entame de la Dame de Cœur pour votre As. Vous encaissez l'As et le Roi de Pique, mais Est défausse un Carreau au second tour.

Comment devez-vous continuer?

LE POINT DE LA SITUATION

Il semble que vous ayez dix levées : cinq Piques, un Cœur, trois Carreaux et un Trèfle; toutefois, il sera peut-être difficile de les réaliser, car vous serez vraisemblablement raccourci à Cœur si vous rendez la main à Carreau.

Faut-il s'en remettre à la réussite de l'impasse à Carreau?

SOLUTION

Votre contrat est assuré quelle que soit la place du Roi de Carreau, pour autant que vous preniez les précautions appropriées. Purgez les derniers atouts adverses, mais en défaussant du mort un Cœur, et non un Trèfle. Continuez par l'As et la Dame de Carreau.

Voici la donne complète :

	Nord	
	♠ 9 7 4 ♡ 10 6 4 3 ◇ A D V ♣ A 10 3	
Ouest ♠ 10 8 5 2 ♡ D V 7 ◇ 5 ♣ R V 9 6 4	N O E S	**Est** ♠ 3 ♡ R 9 8 5 2 ◇ R 8 7 6 3 ♣ D 5
	♠ A R D V 6 ♡ A ◇ 10 9 4 2 ♣ 8 7 2	

Est va sans doute défausser un Cœur et un Trèfle sur vos deux Piques. Lorsqu'il fera son Roi de Carreau au deuxième tour de la couleur, il rejouera Cœur pour le Valet de son partenaire. Vous défausserez un Trèfle sur cette levée et un autre Trèfle sur le retour à Cœur d'Ouest. Quand Est jouera son quatrième Cœur, vous pourrez couper de votre main et défausser le Valet de Carreau du mort.

Vous noterez que telles que sont les cartes, vous chutez si vous défaussez un Trèfle du mort sur le quatrième tour d'atout, ou bien si vous tentez à un stade quelconque l'impasse contre le Roi de Carreau.

Le danger sur cette donne venait du blocage des Carreaux. Il fallait trouver le moyen de les débloquer sans courir le risque d'être coupé ou raccourci.

PROBLÈME NUMÉRO 23

Donneur : Sud

♠ D 8 3
♡ V 10 6 2
◇ R 9 4 3
♣ 8 4

N
O E
S

♠ A R V 5
♡ R D 8 4
◇ V 5
♣ A D V

Vulnérabilité : Personne

LES ENCHÈRES

Sud	Ouest	Nord	Est
2 SA	Passe	3 ♣	Passe
3 ◇ *	Passe	3 ♠ **	Passe
4 ♡	Passe	Passe	Passe

* Une ou deux majeures de quatre cartes.
** Quatre cartes à Cœur.

L'ENTAME

Ouest entame du 3 de Cœur, pour le 2 du mort, le 9 d'Est et votre Dame. Vous continuez par le 4 de Cœur. Ouest prend de l'As et rejoue le 7 de Cœur, sur lequel Est défausse le 2 de Pique. Vous tirez la Dame de Pique : les deux flancs fournissent.

Comment devez-vous continuer?

LE POINT DE LA SITUATION

Nous avons tellement l'habitude de rechercher les fits majeurs 4-4 que nous avons tendance à jouer ces manches même lorsque le contrat de 3 SA serait supérieur.

Jouant 4 ♡, le problème est d'éviter la perte de trois levées dans les mineures. Il existe plusieurs manières de traiter cette main.

Laquelle choisissez-vous?

SOLUTION

Vous pouvez tenter immédiatement l'impasse à Trèfle, ou attaquer d'un petit Carreau vers le Valet, ou bien revenir dans votre main pour jouer un petit Carreau vers votre Roi ou encore tirer vos Piques en défaussant un Trèfle du mort, puis essayer de forcer le Roi de Trèfle à la coupe, mais toutes ces manœuvres comportent chacune un risque spécifique. En fait, il existe une cinquième option qui assure votre contrat dans tous les cas de figure.

Encaissez l'As de Trèfle, puis les Piques en défaussant le second Trèfle du mort. Jouez ensuite n'importe quel Carreau de votre main. Si vous choisissez le Valet, laissez-le courir, sauf s'il est couvert de la Dame. Si vous préférez le 5, mettez le 9 du mort, sauf si Ouest intercale le Dix (ou la Dame).

Voici la donne complète :

	♠ D 8 3 ♡ V 10 6 2 ◇ R 9 4 3 ♣ 8 4	
♠ 10 7 4 ♡ A 7 3 ◇ D 8 2 ♣ R 6 5 2	N O E S	♠ 9 6 2 ♡ 9 5 ◇ A 10 7 6 ♣ 10 9 7 6
	♠ A R V 5 ♡ R D 8 4 ◇ V 5 ♣ A D V	

Quelle que soit votre action, Est fait la première levée à Carreau, mais il n'a pas de retour satisfaisant. S'il rejoue Carreau, il affranchit une levée au mort, s'il rejoue Trèfle, il vous donne une impasse gratuite.

Ce n'était pas un problème de perdante, car vous n'aviez que deux perdantes immédiates dans les mineures, mais un problème de gagnante, car il vous manquait la dixième levée. Quand vous ne savez pas comment manier une couleur, essayez d'obliger la défense à la manier à votre avantage.

PROBLÈME NUMÉRO 24

Donneur :
Sud

Vulnérabilité :
Est-Ouest

♠ D V 9 8 5
♡ R 3
◇ R V 7 4
♣ 9 4

♠ A 10 2
♡ D 9 8 4
◇ 10
♣ V 8 6 5 3

N
O E
S

LES ENCHÈRES

Sud	Ouest	Nord	Est
2 SA	Passe	3 ♡ *	Passe
3 ♠	Passe	4 ◇	Passe
4 ♠	Passe	Passe	Passe

* Transfert pour les Piques.

L'ENTAME

Vous entamez du Dix de Carreau, pour le 4, le 3 et l'As. Le déclarant joue le 3 de Pique vers la Dame de Pique du mort et continue d'un petit Pique pour le Roi de sa main, votre partenaire fournissant dans l'ordre le 7, puis le 4 de Pique.

Qu'allez-vous faire maintenant?

LE POINT DE LA SITUATION

Le déclarant étant supposé détenir au moins 20 points d'honneurs pour son ouverture de 2 SA, cela ne laisse qu'au plus 3 points dans le jeu de votre partenaire. Pourtant, on a vu certains joueurs ouvrir de 2 SA avec 19 points « plaisants », et vous n'avez visiblement aucun espoir de faire chuter ce contrat si votre partenaire n'a pas un As.

Cela vous donnerait-il une idée?

SOLUTION

En jouant un petit Cœur à ce stade, vous avez une chance de faire chuter le contrat si votre partenaire détient l'As et que le déclarant se trompe en mettant le Roi. L'As de Cœur, une coupe à Carreau et la Dame de Cœur font une de chute. Il est cependant plus probable que Sud passe la bonne, car sans indication particulière, la règle est de jouer pour le partage des As en flanc.

De toute manière, il existe un plan défensif bien meilleur. Si le déclarant a ouvert de 2 SA avec des valeurs subminimales, c'est nécessairement en raison d'une solide longueur de cinq cartes à Trèfle. Dans ce cas, vous pouvez réaliser deux coupes en plus de l'As supposé de votre partenaire, que ce soit l'As de Trèfle ou l'As de Cœur.

Jouez le Valet de Trèfle à la quatrième levée, pour être certain que le mort n'ait pas la reprise immédiate lui permettant de purger les atouts.

Voici la donne complète :

	♠ D V 9 8 5 ♡ R 3 ◇ R V 7 4 ♣ 9 4	
♠ A 10 2 ♡ D 9 8 4 ◇ 10 ♣ V 8 6 5 3	N O E S	♠ 7 6 4 ♡ A 10 5 2 ◇ 9 8 6 5 3 ♣ 7
	♠ R 3 ♡ V 7 6 ◇ A D 2 ♣ A R D 10 2	

Comme vous pouvez le constater, seul le Valet de Trèfle bat le contrat à coup sûr.

Ne vous laissez pas décourager par la découverte d'un mort dont le total des points d'honneurs paraît dissuasif. Comme le disait Edgar Poe : « L'homme vraiment imaginatif est avant toute chose un analyste *. »

Ici, c'est l'analyse et la logique qui imposaient d'imaginer chez le déclarant 19 points H et cinq Trèfles.

* *Double assassinat dans la rue Morgue.* (N.d.T.)

PROBLÈME NUMÉRO 25

Donneur :
Nord

♠ A R D 2
♡ R 8 5
◇ R 8 7 3
♣ 10 4

N
O E
S

♠ V 9 4
♡ A D 7
◇ 6 5 2
♣ A V 5 2

Vulnérabilité :
Nord-Sud

LES ENCHÈRES

Nord	Est	Sud	Ouest
1 ◇	Passe	2 SA	Passe
3 SA	Contre	Passe	Passe
Passe			

L'ENTAME

Obéissant au Contre *Lightner* de son partenaire, Ouest entame dûment du 9 de Carreau et vous fournissez un petit du mort. Est prend du Dix et contre-attaque du 3 de Cœur.

Quel est votre plan de jeu?

LE POINT DE LA SITUATION

Vous avez huit levées de tête et la neuvième devra être fournie par une des mineures. Il semble qu'Est ait quatre Cœurs en plus de ses quatre Carreaux, et de ce fait, seulement cinq cartes dans les couleurs noires. S'il détient Roi-Dame de Trèfle, vous n'aurez aucune difficulté.

Existe-t-il d'autres chances?

SOLUTION

Vous pouvez aussi réussir votre contrat si Est détient un honneur second à Trèfle. Vous devez prendre le premier Cœur dans votre main pour préserver une reprise au mort. Encaissez ensuite vos quatre Piques pour parfaire le compte de la main et peut-être pour obliger Est à défausser. Quoi qu'il arrive, vous écarterez un Trèfle sur le quatrième Pique.

Si Est défausse un Carreau, vous n'aurez aucune peine pour affranchir le Roi du mort en jouant deux fois de la couleur. S'il fournit quatre fois à Pique ou s'il défausse un Trèfle, vous encaisserez l'As de Trèfle et les Cœurs, et vous continuerez par un petit Carreau des deux mains. Est devra vous livrer le Roi de Carreau à la fin.

Enfin, si Est défausse un Cœur, vous présenterez le Dix de Trèfle, que vous laisserez passer même si Est le couvre. Dans ce cas, vous prendrez de l'As le retour à Trèfle, vous encaisserez vos Cœurs, et vous le mettrez en main à Carreau comme précédemment.

Voici la donne complète :

	♠ A R D 2 ♡ R 8 5 ◇ R 8 7 3 ♣ Q 10 4	
♠ 10 7 5 ♡ 10 6 4 ◇ 9 4 ♣ R 9 8 6 3	N O E S	♠ 8 6 3 ♡ V 9 3 2 ◇ A D V 10 ♣ D 7
	♠ V 9 4 ♡ A D 7 ◇ 6 5 2 ♣ A V 5 2	

Cherchez toujours les chances additionnelles qui ne compromettent pas votre chance principale. Ici, la ligne de jeu préconisée ne vous empêche pas de gagner si Est détient Roi-Dame de Trèfle, quelle que soit sa teneur dans les majeures. Vous pourrez toujours changer votre fusil d'épaule, car vous découvrirez sa répartition quand vous encaisserez vos Cœurs. En fin de coup, il sera obligé de défausser un Carreau pour garder son deuxième Trèfle maître. Vous le mettrez en main à Trèfle pour qu'il vous rende le Carreau. Cette manœuvre est strictement équivalente à la double impasse.

PROBLÈME NUMÉRO 26

Donneur : Ouest

Vulnérabilité : Personne

♠ A R D
♡ D 10 6 5 2
♢ D 7
♣ R 8 3

N
O E
S

♠ 9 4
♡ A V 7 3
♢ V 8 5 3
♣ A 9 7

LES ENCHÈRES

Ouest	Nord	Est	Sud
1 ♢	Contre	Passe	2 ♡
Passe	4 ♡	Passe	Passe
Passe			

L'ENTAME

Ouest commence par l'As et le Roi de Carreau, Est fournissant le 9 et le 2 de Carreau en écho. Vous coupez le troisième Carreau avec le Dix de Cœur, mais, à votre grande surprise, Est fournit le 4 de Carreau.

Comment jouez-vous pour dix levées?

LE POINT DE LA SITUATION

Vous vous attendiez à gagner ce contrat confortablement, mais vous devez tenir compte de la plaisanterie à laquelle s'est livré Est sur les premières levées.

Votre manche serait-elle en danger?

SOLUTION

Lorsqu'un bridgeur a une conduite peu orthodoxe, il est sage de considérer avec suspicion ses arrière-pensées plutôt que son état mental. Un partage 4-0 des Cœurs est la seule chose qui puisse mettre votre contrat en danger, et cela pourrait bien être l'explication du faux écho d'Est à Carreau.

Il est possible de surmonter un mauvais partage des atouts, mais à condition d'attaquer la couleur d'un petit Cœur vers la Dame du mort. Revenez en main par l'As de Trèfle et présentez le 3 de Cœur. Si votre Dame fait la levée et qu'Est ne fournisse pas, vous aurez besoin de trouver en Ouest exactement trois Piques et deux Trèfles, en plus de ses quatre Cœurs et de ses quatre Carreaux. Encaissez le Roi de Trèfle et deux Piques, puis coupez le troisième Pique et défaussez le dernier Trèfle du mort sur le Valet de Carreau. Enfin, vous jouez Trèfle et, à trois cartes de la fin, Ouest doit couper et vous concéder les deux dernières levées.

Il est très improbable qu'Ouest ait une chicane à Cœur, puisqu'il n'a que quatre Carreaux. De plus, sans le Roi de Cœur, il n'aurait pas les points d'honneurs justifiant son ouverture, mais si c'est le cas, vous ferez encore dix levées en capturant les atouts d'Est.

Voici la donne complète :

	♠A R D ♡D 10 6 5 2 ♢D 7 ♣R 8 3	
♠6 5 2 ♡R 9 8 4 ♢A R 10 6 ♣D 10	N O E S	♠V 10 8 7 3 ♡– ♢9 4 2 ♣V 6 5 4 2
	♠9 4 ♡A V 7 3 ♢V 8 5 3 ♣A 9 7	

Si Ouest avait eu deux Piques et trois Trèfles, vous n'auriez pas pu gagner, faute d'une communication pour encaisser le Valet de Carreau et couper un Trèfle, avant de jouer le troisième Pique.

Une fois de plus, lorsque vous découvrez le mauvais partage des atouts, la répartition d'Ouest devient une hypothèse de nécessité.

PROBLÈME NUMÉRO 27

Donneur :
Ouest

♠ 10 2
♡ 8 7 2
◇ A 6 4 3
♣ 7 5 4 3

N
O E
S

♠ A 8 4 3
♡ A D V 10 9
◇ V 5
♣ A R

Vulnérabilité :
Tous

LES ENCHÈRES

Ouest	Nord	Est	Sud
1 SA *	Passe	Passe	Contre
Passe	Passe	2♣	3♡
Passe	4♡	Passe	Passe
Passe			

* 15-17 H.

L'ENTAME

Ouest entame du 3 de Cœur, que vous prenez du 9, Est fournissant le 5 de Cœur.

Quel est votre plan de jeu?

LE POINT DE LA SITUATION

Cette entame d'atout est potentiellement préjudiciable, car il semble que vous ayez besoin de couper deux Piques au mort. Toutefois, Ouest risque de ne pas pouvoir donner lui-même un second tour d'atout. De plus, on peut lui attribuer pratiquement tous les gros honneurs manquants. Peut-être qu'Est ne sera jamais capable de prendre la main si les Cœurs sont 3-2.

Comment envisagez-vous de traiter ce problème?

SOLUTION

Cette donne est un exercice dans la technique du jeu d'évite. Quand un flanc est spécifiquement dangereux et que l'on doit l'empêcher de prendre la main, c'est en général une bonne idée d'attaquer à travers lui plutôt que vers lui. Allez au mort par l'As de Carreau pour présenter le 2 de Pique, avec l'intention de fournir le 8 de Pique si Est n'intercale pas une carte supérieure.

Voici la donne complète :

	Nord	
	♠ 10 2 ♡ 8 7 2 ♢ A 6 4 3 ♣ 7 5 4 3	
Ouest ♠ R D 5 ♡ R 4 3 ♢ R D 9 8 2 ♣ D V	N O E S	**Est** ♠ V 9 7 6 ♡ 6 5 ♢ 10 7 ♣ 10 9 8 6 2
	♠ A 8 4 3 ♡ A D V 10 9 ♢ V 5 ♣ A R	

Pour contrer votre plan, Est doit intercaler le 9 de Pique, puis, sur votre As, Ouest doit débloquer un de ses honneurs. Toutefois, quand vous rejouez Pique, la défense est confrontée à un dilemme insoluble.

Si Ouest prend la main, il ne peut pas rejouer Cœur sans sacrifier sa levée d'atout et vous pourrez faire deux coupes au mort. S'il fournit un petit Pique, Est prendra la main et rejouera atout, mais maintenant, une seule coupe suffit pour établir le 8 de Pique. Il était loin d'être facile de diagnostiquer dès le début que ce 8 de Pique vous fournirait une dixième levée.

Vous noterez que si vous tirez l'As de Pique à la deuxième levée, Ouest débloquera un honneur, puis Est prendra la main au second tour de la couleur pour rejouer atout, mais sans sacrifier son précieux 9 de Pique.

D'après le compte des points d'honneurs, Est pouvait avoir soit le Valet de Pique, soit la Dame de Carreau, mais pas les deux. Pourquoi lui jouer le Valet de Pique plutôt que la Dame de Carreau ? D'une part, avec trois honneurs à Pique, Ouest aurait peut-être choisi cette entame, d'autre part, Ouest avait plus de chances d'être long à Carreau que long à Pique, et deux honneurs sur deux dans une même couleur sont plus fréquents que trois sur trois.

PROBLÈME NUMÉRO 28

Donneur : Sud	♠R 10 7 ♡6 ◇9 7 6 3 ♣A 9 5 4 3	*Vulnérabilité :* Personne
	N / O E / S	♠3 ♡A 8 7 5 2 ◇D V 10 4 ♣D 10 8

LES ENCHÈRES

Sud	Ouest	Nord	Est
2♣*	Passe	3♣**	Passe
3♠	Passe	4♠	Passe
5◇	Passe	5♡	Passe
6♠	Passe	Passe	Passe

* Fort indéterminé.
** Au moins cinq cartes et trois contrôles à l'italienne.

L'ENTAME

Ouest entame de la Dame de Cœur, que vous prenez de l'As, le déclarant fournissant le 9 de Cœur.

Comment devez-vous continuer?

LE POINT DE LA SITUATION

Il semblerait qu'une contre-attaque de la Dame de Carreau soit automatique.

Existerait-il une raison pour agir différemment?

SOLUTION

Seuls les Carreaux peuvent fournir la levée de chute, mais une contre-attaque à Carreau risque de ne pas être une bonne idée. Sud a déclaré ce chelem sans inquiétude, en connaissant deux cartes clefs et une longueur à Trèfle au mort, et on voit mal comment il pourrait avoir une deuxième perdante immédiate.

Ici, les Carreaux peuvent attendre, et la priorité absolue est d'endiguer la menace que constitue l'affranchissement d'une levée de longueur à Trèfle. S'il a un singleton Trèfle, il n'a peut-être besoin de rien d'autre pour gagner son chelem.

Vous pouvez parer à ce danger en jouant atout immédiatement. Cette contre-attaque fait disparaître prématurément une des reprises du mort, et le déclarant ne pourra pas établir la couleur, à moins qu'il n'ait le Roi.

Voici la donne complète :

	♠ R 10 7 ♡ 6 ♢ 9 7 6 3 ♣ A 9 5 4 3	
♠ 9 6 ♡ D V 10 4 3 ♢ 5 2 ♣ R V 7 6	N O E S	♠ 3 ♡ A 8 7 5 2 ♢ D V 10 4 ♣ D 10 8
	♠ A D V 8 5 4 2 ♡ R 9 ♢ A R 8 ♣ 2	

N'ayez pas peur de jouer un singleton d'atout contre un chelem lorsque vous êtes certain que votre partenaire ne peut avoir la Dame.

Ici, les Trèfles étaient la seule source de levées possible pour la défausse d'un Carreau perdant. Cette défense aurait également fait chuter le chelem si le déclarant avait un Pique de plus, et le Roi de Carreau en moins.

PROBLÈME NUMÉRO 29

Donneur :
Ouest

♠ 10 7 4
♡ D V 6 3
◇ R 5 4
♣ R 8 2

N
O E
S

♠ A R D 5 3
♡ A 10 5
◇ V
♣ V 7 4 3

Vulnérabilité :
Tous

LES ENCHÈRES

Ouest	Nord	Est	Sud
1 ◇	Passe	Passe	Contre
Passe	2 ♡	Passe	2 ♠
Passe	3 ♠	Passe	4 ♠
Passe	Passe	Passe	

L'ENTAME

Ouest entame du 6 de Pique, pour le 4 du mort, le 8 d'Est et l'As de votre main. Les deux flancs fournissent sur votre Roi de Pique, mais le Valet ne tombe pas.

Comment devez-vous continuer?

LE POINT DE LA SITUATION

Cinq Piques, trois Cœurs et les deux Rois mineurs devraient suffire pour gagner ce contrat.

Existe-t-il un danger quelconque de concéder quatre levées avant d'en avoir réalisé dix?

SOLUTION

Il est à la fois inutile et dangereux de vouloir atteindre le mort pour tenter l'impasse à Cœur. D'après les enchères, Ouest détient vraisemblablement le Roi de Cœur et les deux As mineurs, auquel cas vous pouvez tout aussi bien attaquer les Cœurs de votre main. Enlevez d'abord le dernier atout, puis continuez par l'As et le Dix de Cœur.

Quand Ouest – voire Est, d'ailleurs – aura pris du Roi de Cœur, que pourra-t-il faire? Si l'As de Carreau est encaissé, vous aurez deux gagnantes au mort pour défausser les Trèfles perdants. Si la défense rejoue passivement Cœur, vous défausserez le Valet de Carreau sur le quatrième Cœur et vous continuerez par un petit Trèfle des deux mains, avec l'espoir de ne pas perdre plus de deux levées dans la couleur (As de Trèfle second ou troisième en Ouest).

Voici la donne complète :

	♠ 10 7 4 ♡ D V 6 3 ♢ R 5 4 ♣ R 8 2	
♠ 9 6 ♡ R 8 4 ♢ A D 8 6 2 ♣ A 10 6	N O E S	♠ V 8 2 ♡ 9 7 2 ♢ 10 9 7 3 ♣ D 9 5
	♠ A R D 5 3 ♡ A 10 5 ♢ V ♣ V 7 4 3	

Vous noterez qu'il serait fatal de jouer Carreau vers le Roi avant d'avoir établi les Cœurs. Ouest plongerait de l'As pour ouvrir les Trèfles, et la défense réaliserait quatre levées.

Une attaque précoce des Trèfles, soit à l'entame, soit après avoir tiré l'As de Carreau, aurait fait chuter votre contrat.

Lorsque vous devez résoudre un problème de minutage, comptez vos gagnantes, mais également vos perdantes.

Ici, la défense était confrontée à un dilemme classique : affranchir une gagnante ou ne pas faire l'As de Carreau.

Vous pouvez également gagner en jouant le Dix de Cœur au lieu de l'As à la quatrième levée. Si la défense encaisse le Roi et rejoue Cœur, vous pourrez présenter le Valet de Carreau en toute quiétude. Toutefois, quelle que soit votre ligne de jeu, le meilleur flanc consiste pour Ouest à jouer sous l'As de Trèfle après le Roi de Cœur. A vous de décider, ensuite, si cet As était initialement second ou troisième.

PROBLÈME NUMÉRO 30

Donneur :
Est

♠ D 10 2
♡ R 7 6 4
◇ 10 3
♣ D 7 4 3

	N	
O		E
	S	

♠ A V 9 8 4
♡ A 5
◇ 9 6 5
♣ A 8 2

Vulnérabilité :
Tous

LES ENCHÈRES

Est	Sud	Ouest	Nord
1 ◇	1 ♠	2 ◇	2 ♠
Passe	Passe	Passe	

L'ENTAME

Ouest entame de la Dame de Carreau, qu'Est couvre du Roi pour contre-attaquer du 3 de Pique. Vous fournissez un petit Pique, mais Ouest prend du Roi et insiste du 5 de Pique, Est fournissant le 7 de Pique.

A vous de jouer maintenant.

LE POINT DE LA SITUATION

Il apparaît que l'un ou l'autre flanc peut prendre la main au deuxième tour de Carreau pour enlever l'atout du mort. Il est clair que vous ne pourrez pas couper votre troisième Carreau, ce qui vous réduit à sept levées. Il existe une petite chance d'en trouver une huitième à Trèfle. D'après les enchères (Ouest a déjà montré 6 points d'honneurs), le Roi de Trèfle est sûrement en Est, mais il peut être second.

Existe-t-il d'autres possibilités?

SOLUTION

Les Trèfles peuvent attendre, car il existe une autre chance qui vaut la peine d'être tentée. Si Ouest détient le dernier atout, vous pouvez mettre en place une fin de coup contre Est. Avant de rejouer Carreau, encaissez l'As et le Roi de Cœur et coupez un Cœur, ce qui isole une menace potentielle dans la couleur. Ensuite, jouez Carreau.

Voici la donne complète :

	Nord	
	♠ D 10 2 ♡ R 7 6 4 ◇ 10 3 ♣ D 7 4 3	
Ouest ♠ R 6 5 ♡ V 8 3 ◇ D V 7 2 ♣ 10 9 5	N / O E / S	**Est** ♠ 7 3 ♡ D 10 9 2 ◇ A R 8 4 ♣ R V 6
	♠ A V 9 8 4 ♡ A 5 ◇ 9 6 5 ♣ A 8 2	

Ouest doit mettre le Valet de Carreau pour rejouer atout, mais, sur cette levée, Est se trouve squeezé. Il n'a pas les moyens de jeter son Cœur et, s'il défausse un Trèfle, vous continuerez par l'As de Trèfle et un petit Trèfle à blanc pour faire tomber le Roi devenu second. Il ne sera pas en meilleure posture s'il sèche son As de Carreau, car ce serait un jeu d'enfant pour vous de le mettre en main : il devra jouer sous son Roi de Trèfle.

En pratique, Est choisira sans doute de jeter l'As de Carreau, et vous aurez l'amusante surprise de faire votre huitième levée avec le 9 de Carreau.

Après l'entame de la Dame de Carreau, les flancs ne peuvent plus s'en sortir. Pour battre ce contrat, il fallait entamer d'un petit Pique ou d'un petit Carreau.

Il est facile de voir d'après le diagramme que cette ligne de jeu ne compromettait en rien votre chance principale. Si le dernier atout se trouve en Est, vous le saurez quand il prendra la main au deuxième tour de Carreau pour le jouer. Vous vous rabattrez alors sur la chance d'un Roi de Trèfle second. Un Pique de plus se traduira souvent par un Trèfle en moins.

PROBLÈME NUMÉRO 31

Donneur :
Ouest

♠ 8 5
♡ R 8 5
◇ A D 6 5
♣ 10 6 3 2

N
O E
S

♠ A D
♡ A 9 7
◇ R V 10 8 3 2
♣ V 8

Vulnérabilité :
Tous

LES ENCHÈRES

Ouest	Nord	Est	Sud
1 SA *	Passe	2 ♡ **	3◇
3♠	5 ◇	Passe	Passe
Passe			

* 15-17 H.
** Transfert pour les Piques.

L'ENTAME

Ouest entame de l'As de Trèfle, puis contre-attaque de la Dame de Cœur. Quel est votre plan de jeu?

LE POINT DE LA SITUATION

Vous constatez avec regret que le contrat de 3 SA n'aurait posé aucun problème. Jouant 5 ◇, il semble que vous n'ayez toujours que les mêmes neuf levées.

C'est le moment d'exercer votre technique de haute école pour en assurer deux de plus.

SOLUTION

Ouest détenant tous les gros honneurs importants, votre seul espoir est de le squeezer *en cascade* * dans trois couleurs. Toutefois, l'exécution de ces squeezes successifs exige une réduction du compte à deux perdantes. Or, vous en avez trois et si vous essayez de les réduire à deux en concédant précocement un Trèfle, Ouest va détruire la position en faisant sauter votre dernière communication à Cœur.

En fait, les Trèfles constituent une *menace étendue* qui peut fournir deux levées et la fourchette à Pique crée une possibilité de mise en main. Cela vous permet d'exécuter un squeeze en cascade avec *effeuillage*, qui fonctionne *à retardement* * sans qu'il soit nécessaire de rectifier le compte, mais à condition qu'Ouest détienne le Dix de Cœur en plus de tous les honneurs qu'on lui connaît. Prenez de l'As de Cœur et défilez tous vos Carreaux en défaussant un Pique du mort.

Voici la donne complète, et la situation à six cartes de la fin, au moment où vous jouerez le sixième Carreau (les cartes fournies sont entre parenthèses) :

Ouest		Nord / Sud		Est
		♠ **8** (5) ♡ **R 8** (5) ◇ (A D 6 5) ♣ **10 6 3** (2)		
♠ **R V** (2) ♡ (D) **V 10** ◇ (9 4) ♣ (A) **R D** (9 4)		N O E S		♠ **10 9 7** (6 4 3) ♡ **6 4** (3 2) ◇ (7) ♣ (7) **5**
		♠ **A D** ♡ (A) **9 7** ◇ (R V 10 8 3) **2** ♣ **V** (8)		

Ouest défausse aisément un Pique et deux Trèfles, mais il doit abandonner quelque chose sur le sixième Carreau. S'il défausse un Pique ou un Cœur, vous écartez un Trèfle du mort et vous encaissez la couleur où il vient de défausser pour le squeezer dans les deux autres. S'il défausse un Trèfle, vous écartez un Cœur et vous jouez Trèfle pour établir deux levées au mort.

Une entame à Cœur aurait détruit la fin de coup.

On exécute certains squeezes, même les plus complexes, comme Monsieur Jourdain faisait de la prose, sans le savoir. Ici, vous prenez de l'As de Cœur et vous jouez vos Carreaux, à tout hasard. Si vous n'avez pas prévu la fin de coup, l'embarras du flanc gauche sur votre sixième Carreau se chargera de vous la signaler.

* La dénomination anglaise de ce squeeze en cascade à retardement est « *progressive strip-squeeze* ».

PROBLÈME NUMÉRO 32

Donneur : Sud

Vulnérabilité : Nord-Sud

Nord :
♠ 8 7 3
♡ A 9 8 4
◇ D 9 2
♣ D 8 5

Ouest :
♠ A R V 6 4
♡ 6 5
◇ 10 7 4
♣ R 9 2

LES ENCHÈRES

Sud	Ouest	Nord	Est
1 ◇	1 ♠	Contre *	2 ♠
4 SA	Passe	5 ◇	Passe
6 ♡	Passe	Passe	Passe

* Spoutnik.

L'ENTAME

Sur votre entame de l'As de Pique, Est fournit le 5 de Pique et Sud le 9 de Pique.

Comment devez-vous continuer?

LE POINT DE LA SITUATION

Vous pouvez difficilement espérer un deuxième Pique perdant chez le déclarant.

Est-il sans danger de continuer Pique ou devez-vous envisager une autre contre-attaque?

SOLUTION

La répartition du déclarant est vraisemblablement 1-4-5-3, sans perdantes dans les couleurs rouges. Il a certainement l'As de Trèfle, ce qui lui donne dix levées de tête, auxquelles s'ajoutera facilement une levée de coupe, de l'une ou l'autre main. Une continuation à Pique risque d'aider le déclarant à réaliser une deuxième coupe dans sa main.

Vous devez donc contre-attaquer dans une autre couleur, et ce ne sera certainement pas sous votre Roi de Trèfle, qui est votre principal espoir de chute. Une contre-attaque à Cœur ne devrait pas être immédiatement dangereuse, mais elle risque de donner une reprise supplémentaire au mort, ce qui permettrait au déclarant d'exécuter les deux coupes dont il a besoin pour achever cette sorte de mort inversé.

Seule une contre-attaque à Carreau est sans danger, malgré le 9 de Carreau du mort : rien n'empêche le déclarant de réussir lui-même une impasse de communication contre votre Dix si elle lui est indispensable. Il sera condamné à chuter, sauf s'il a un sixième Carreau.

Voici la donne complète :

	♠ 8 7 3 ♡ A 9 8 4 ◇ D 9 2 ♣ D 8 5	
♠ A R V 6 4 ♡ 6 5 ◇ 10 7 4 ♣ R 9 2	N O E S	♠ D 10 5 2 ♡ V 7 2 ◇ 6 3 ♣ V 7 6 3
	♠ 9 ♡ R D 10 3 ◇ A R V 8 5 ♣ A 10 4	

Si vous jouez Cœur, le déclarant fournira le 8 du mort et, que votre partenaire le couvre ou non, il bénéficiera d'une reprise supplémentaire au premier ou au deuxième tour d'atout (le résultat serait identique si votre partenaire détenait le Dix ou la Dame au lieu du Valet). Il s'en servira pour couper un Pique, puis il jouera un petit Carreau vers le 9 du mort, coupera un second Pique et purgera le dernier atout grâce à la Dame de Carreau, réalisant ainsi douze levées.

Comptez les levées potentielles du déclarant et ne lui donnez pas les moyens d'en faire une indue.

Sur votre retour à Carreau, le déclarant fera la levée avec le 9 du mort. Ensuite, il coupera deux Piques, soit avec le Roi et la Dame de Cœur, en espérant capturer un Valet de Cœur en Ouest, soit avec le Dix et la Dame de Cœur, en espérant un Valet de Cœur sec ou second. L'une et l'autre option échouera.

PROBLÈME NUMÉRO 33

Donneur :
Est

♠ R V 10 7 6 4
♡ A 7 4
◇ R 9
♣ 10 4

N
O E
S

♠ 3
♡ R 5
◇ A 7 4 3
♣ A D V 9 3 2

Vulnérabilité :
Nord-Sud

LES ENCHÈRES

Est	Sud	Ouest	Nord
3 ♡	4 ♣	Passe	4 ♡
Passe	5 ◇	Passe	5 ♠
Passe	6 ♣	Passe	Passe
Passe			

L'ENTAME

Ouest entame du 2 de Cœur et la découverte du mort ne déchaîne pas votre enthousiasme. Vous prenez du Roi de Cœur dans votre main pour jouer votre singleton Pique. Ouest fournit le 5 de Pique, vous placez le Roi et Est suit du 2 de Pique.

Comment devez-vous continuer?

LE POINT DE LA SITUATION

Tout s'est bien passé jusque-là. Vous êtes également certain de réussir l'impasse à Trèfle, car Ouest se serait précipité sur l'As de Pique s'il avait vu le Roi de Trèfle dans son jeu.

Allez-vous finir par gagner ce chelem ridicule?

SOLUTION

Il ne serait vraiment pas raisonnable d'essayer de couper un Carreau. Vous connaissez déjà en Est sept Cœurs et au moins deux Piques (avec cinq Piques, Ouest ne vous aurait pas laissé faire le Roi). Ajoutez-lui les deux ou trois Trèfles dont vous avez besoin et cela ne lui laisse au mieux que deux Carreaux. Vous ne pouvez pas non plus gagner sur les Piques en espérant un partage 3-3, car il vous manque une reprise au mort. Enfin, si vous donnez le Roi de Trèfle pour affranchir le Dix, vous subirez une coupe à Cœur *.

Votre seule chance est un squeeze à l'atout contre Ouest, fondé sur un partage 4-2 des Piques. Une Dame de Pique seconde en Est justifie d'ailleurs le fait qu'Ouest n'ait pas plongé de l'As au premier tour.

Faites l'impasse à Trèfle en attaquant du Dix et tirez cinq coups d'atout en défaussant deux Piques et un Cœur du mort. Jouez ensuite Cœur vers l'As.

Voici la donne complète et la situation à six cartes de la fin. Les cartes déjà jouées figurent entre parenthèses.

Ouest	Nord	Est
	♠ (R) **V 10 7** (6 4) ♡ **A** (7 4) ◇ **R 9** ♣ (10 4)	
♠ **A 9** (8 5) ♡ (2) ◇ **D V 6 5** (2) ♣ (8 7 6)	N O E S	♠ **D** (2) ♡ **D V 10** (9 8 6 3) ◇ **10 8** ♣ (R 5)
	♠ (3) ♡ (R) **5** ◇ **A 7 4 3** ♣ (A D V 9 3) **2**	

Ouest a pu défausser sans dommage un Pique et un Carreau, mais votre 5 de Cœur met sur lui une pression intolérable. S'il se réduit à trois Carreaux, vous lui abandonnez une levée dans la couleur. S'il choisit de sécher son As de Pique, vous coupez un Pique, vous faites une surlevée et vous dites à votre partenaire qu'il aurait pu demander son compte. Un cue-bid de plus, par exemple!

La disposition du diagramme n'est pas une vue optimiste de l'esprit. Elle est exactement conforme à tout ce que laissaient prévoir les enchères et le début du coup.

* On peut gagner en jouant sur les Piques, mais à condition que le Roi de Trèfle soit sec, hypothèse peu vraisemblable (*N.d.T.*).

PROBLÈME NUMÉRO 34

Donneur : Sud	♠ 7 6 4 ♡ 8 4 2 ◇ D 7 2 ♣ R V 6 5	*Vulnérabilité :* Est-Ouest
	N O E S	
	♠ A R D 10 8 3 ♡ A 5 ◇ V ♣ A 8 7 3	

LES ENCHÈRES

Sud	Ouest	Nord	Est
2♣*	2♡	Passe	Passe
2♠	4◇	4♠	Passe
Passe	Passe		

* Fort indéterminé.

L'ENTAME

Ouest entame de l'As de Carreau et contre-attaque du Roi de Cœur, que vous prenez de l'As. Quand vous tirez l'As de Pique, Ouest défausse le 3 de Carreau.

Comment devez-vous continuer?

LE POINT DE LA SITUATION

C'est un peu ennuyeux, mais pas tellement surprenant. Vous avez besoin d'exécuter une impasse à l'atout, mais en même temps, vous souhaiteriez vous protéger d'un mauvais partage des Trèfles pour ne perdre qu'une levée dans la couleur.

Quelle est la manœuvre correcte pour y parvenir?

SOLUTION

Vous n'aurez aucune difficulté si les Trèfles sont partagés 3-2, mais Ouest, compte tenu de ses enchères très bruyantes et de la vulnérabilité relative, pourrait très bien avoir douze cartes rouges. Dans ce cas, vous devez tabler sur un gros singleton Trèfle, la Dame, le Dix ou le neuf. Pour exploiter cette hypothèse, vous devez prévoir des déblocages.

Jouez d'abord du 8 de Trèfle à la troisième levée. Si le Neuf ou le Dix apparaît, mettez le Valet du mort. Est va sans doute prendre de la Dame et jouer Cœur. Quand vous reprendrez la main, vous continuerez par le 7 de Trèfle pour le Roi du mort. Peu importe qu'Ouest ne fournisse plus sur cette levée, car vous pouvez présenter le 6 de Trèfle du mort et le laisser courir s'il n'est pas couvert. Quoi que fasse Est, vous resterez au mort ou vous y reviendrez pour faire l'impasse contre le Valet de Pique.

Voici la donne complète :

	♠ 7 6 4 ♡ 8 4 2 ◊ D 7 2 ♣ R V 6 5	
♠ – ♡ R D 10 9 6 3 ◊ A R 9 8 4 3 ♣ 9	N O E S	♠ V 9 5 2 ♡ V 7 ◊ 10 6 5 ♣ D 10 4 2
	♠ A R D 10 8 3 ♡ A 5 ◊ V ♣ A 8 7 3	

Les Est-Ouest auraient mieux fait de surenchérir. Un sacrifice à 5 ◊ ou à 5 ♡ n'aurait coûté qu'une levée de chute, mais comment savoir que la réussite de votre manche tenait au 5 de Trèfle.

Vous pouvez également rejouer Cœur à la troisième levée. Cela ne compromet pas vos chances ultérieures, mais si Ouest n'est pas un crocodile, Est prendra la main par le Valet de Cœur et son retour obligé dans une des trois autres couleurs vous épargnera tout problème.

PROBLÈME NUMÉRO 35

Donneur : Sud	♠ D 8 3 ♡ R 9 8 6 2 ◇ 5 ♣ D V 10 9	*Vulnérabilité :* Nord-Sud
	N O E S	
	♠ A R V 2 ♡ A V 5 ◇ A 4 ♣ A 6 5 2	

LES ENCHÈRES

Sud	Ouest	Nord	Est
2 SA	Passe	3 ◇ *	4 ◇
4 ♡	5 ◇	5 ♡	Passe
Passe	Contre	Passe	Passe
Passe			

* Transfert pour les Cœurs.

L'ENTAME

Ouest entame du Valet de Carreau, que vous prenez de l'As, Est fournissant le 9 de Carreau.

Quel est votre plan de jeu?

LE POINT DE LA SITUATION

Il est dommage que votre partenaire ne vous ait pas donné la chance de contrer 5 ◇. Le contrat de 5 ♡ paraît aléatoire. Ouest détient certainement les cinq atouts manquants pour justifier son Contre et cela signifie que vous avez besoin de réussir l'impasse à Trèfle. De plus, le danger d'un raccourcissement est patent.

Ouest vous a bousculé. Pouvez-vous lui faire regretter son Contre?

SOLUTION

Ouest va certainement vous raccourcir à Carreau chaque fois qu'il prendra la main et, si vous voulez survivre, il faut que vous preniez les devants en le raccourcissant lui-même préventivement. Cela exige qu'il n'ait pas plus de quatre Carreaux et que le Roi de Trèfle soit en Est.

Jouez le 5 de Cœur à la deuxième levée, avec l'intention de couvrir économiquement. En fait, Ouest doit intercaler le Dix. Vous le prendrez du Roi et vous présenterez la Dame de Trèfle.
Voici la donne complète :

	♠ D 8 3 ♡ R 9 8 6 2 ◊ 5 ♣ D V 10 3	
♠ 10 9 7 4 ♡ D 10 7 4 3 ◊ V 10 8 2 ♣ –	N O E S	♠ 6 5 ♡ – ◊ R D 9 7 6 3 ♣ R 9 8 7 4
	♠ A R V 2 ♡ A V 5 ◊ A 4 ♣ A 6 5 2	

Votre ligne de jeu dépend de l'action d'Ouest.

1) Si Ouest coupe le premier Trèfle pour rejouer Carreau, vous couperez du mort et vous continuerez par un petit Cœur vers votre Valet. L'As de Cœur vous protège d'un nouveau raccourcissement et vous disposez de la Dame de Pique pour purger les atouts et renouveler l'impasse à Trèfle.

2) Si Ouest défausse un Pique, vous couperez vous-même un Carreau, vous encaisserez vos trois Piques en terminant au mort et vous renouvellerez l'impasse à Trèfle. Ouest coupera, mais ne pourra que rejouer Cœur dans votre fourchette, ou Carreau dans coupe et défausse.

Si Ouest fournit une fois ou deux fois à Trèfle, vous donnerez un deuxième tour, puis éventuellement un troisième tour de Trèfle, en adoptant la première ou la deuxième ligne de jeu suivant son action. Ne jouez pas le quatrième tour de Trèfle si la couleur est 3-2, car Ouest défausserait son dernier Pique et vous ne pourriez plus gagner.

Telles que sont les cartes, vous chutez si vous jouez le Valet de Cœur à la deuxième levée. Est peut en effet couvrir le premier Trèfle. Ouest coupera votre As pour rejouer Carreau et vous serez obligé de revenir dans votre main à Pique pour jouer le 5 de Cœur vers le mort. Ouest prendra du Dix et rejouera Pique. Vous serez à court d'une rentrée pour réaliser le quatrième Pique.

PROBLÈME NUMÉRO 36

Donneur :
Est

Vulnérabilité :
Nord-Sud

♠A D 6
♡9 8 7
◇R V 5 3
♣A 5 4

N
O E
S

♠7 2
♡A D 6 5
◇D 8
♣R D V 9 6

LES ENCHÈRES

Est	Sud	Ouest	Nord
1♣	1♠	Passe	4♠
Passe	Passe	Passe	

L'ENTAME

Ouest entame du 7 de Trèfle, pour l'As du mort et le 3 du déclarant, qui coupe un Trèfle, va au mort par la Dame de Pique pour couper le dernier Trèfle et continue Pique pour l'As, Ouest fournissant dans l'ordre le 3 puis le 8 de Pique. Le déclarant joue le 9 de Cœur et, sur votre petit Cœur, met le Roi de sa main pour rejouer le Dix de Cœur. Votre partenaire prend du Valet de Cœur et rejoue Cœur pour votre Dame, Sud fournissant le 4 de Cœur.

Quelle est votre contre-attaque?

LE POINT DE LA SITUATION

Il est facile de compter la main du déclarant : six Piques, un Trèfle et trois Cœurs, donc trois Carreaux. Il est clair que vous ne ferez pas chuter ce contrat si votre partenaire n'a pas l'As de Carreau. Vos trois contre-attaques possibles sont inquiétantes.

Laquelle choisissez-vous?

SOLUTION

Le 8 de Carreau n'est pas une bonne contre-attaque, car le déclarant a peu de chances de croire que votre partenaire ne vous a pas soutenu à 2 ♣ avec quatre atouts et As-Dame de Carreau. Au second tour, il mettra le Roi pour capturer votre Dame sèche.

Vous devez laisser le déclarant manier les Carreaux lui-même et jouer votre treizième Cœur. Il doit couper dans sa main, car il ne peut pas se permettre d'attaquer les Carreaux du mort. Votre partenaire défaussera un Carreau et fournira un petit au premier tour de la couleur. Le déclarant risque de fournir le Valet de Carreau, mais, s'il passe correctement le Roi, vous devrez débloquer votre Dame, dans l'espoir de trouver le Dix de Carreau en plus de l'As chez votre partenaire. Le déclarant peut revenir dans sa main pour jouer Carreau vers le Valet, mais en sacrifiant ses deux derniers atouts et Ouest fera les deux dernières levées avec l'As de Carreau et le Dix de Trèfle.

Voici la donne complète :

	♠ A D 6 ♡ 9 8 7 ◇ R V 5 3 ♣ A 5 4	
♠ 8 3 ♡ V 3 2 ◇ A 10 7 6 ♣ 10 8 7 2	N O E S	♠ 7 2 ♡ A D 6 5 ◇ D 8 ♣ R D V 9 6
	♠ R V 10 9 5 4 ♡ R 10 4 ◇ 9 4 2 ♣ 3	

Vous remarquerez qu'une contre-attaque à Trèfle ne serait pas bonne, car elle retirerait à votre partenaire sa deuxième gagnante !

Jouer dans coupe et défausse fait partie des interdits qu'il faut enfreindre à bon escient.

Ne spéculez pas sur une erreur du déclarant lorsqu'il existe une disposition de cartes vraisemblable qui permet de le faire chuter à coup sûr.

Faites également confiance à votre partenaire et demandez-vous pourquoi il n'a pas joué Carreau sous son As après le Valet de Cœur.

QUATRIÈME SÉRIE

PROBLÈME NUMÉRO 1

Donneur :
Est

♠ 6 2
♡ A 7 3
◇ A 8 4
♣ V 10 8 6 3

N
O E
S

♠ R 10 9 8 7 4 3
♡ D 5
◇ D 6 5
♣ R

Vulnérabilité :
Nord-Sud

LES ENCHÈRES

Est	Sud	Ouest	Nord
1♡	1♠	2♡	Contre *
Passe	2♠	3♣	Contre
3♡	Passe	Passe	3♠
Passe	Passe	Passe	

* Contre compétitif.

L'ENTAME

Ouest entame du 4 de Cœur, pour un petit du mort. Est prend du Roi de Cœur et contre-attaque du 7 de Trèfle. Ouest prend votre Roi de l'As et insiste du Valet de Cœur.

Comment envisagez-vous la suite?

LE POINT DE LA SITUATION

Vous ne devez pas perdre plus d'un atout puisque vous avez une perdante dans chacune des autres couleurs. En pratique, cela signifie que les Piques doivent être 2-2, avec l'As en Est.

Quelle devrait être la marche à suivre?

SOLUTION

Il est tentant de faire la levée avec la Dame de Cœur, d'aller au mort par l'As de Carreau et de défausser un Carreau sur l'As de Cœur, puis de jouer atout, mais cette ligne de jeu conduit à un échec inéluctable. Est plongera de l'As de Cœur, encaissera le Roi de Carreau – qu'il détient sûrement d'après les enchères – et continuera Cœur pour promouvoir une seconde levée d'atout pour la défense.

Pour parer à cette menace de promotion, vous devez prendre de l'As de Cœur et jouer Pique. Après avoir coupé le retour à Trèfle ou à Cœur, vous pourrez purger les atouts restants et utiliser l'As de Carreau pour jouer vers votre Dame.

Voici la donne complète :

	♠ 6 2 ♡ A 7 3 ♢ A 8 4 ♣ V 10 8 6 3	
♠ V 5 ♡ V 8 4 ♢ 10 7 3 ♣ A D 9 5 2	N O E S	♠ A D ♡ R 10 9 6 2 ♢ R V 9 2 ♣ 7 4
	♠ R 10 9 8 7 4 3 ♡ D 5 ♢ D 6 5 ♣ R	

Situez les points d'honneurs des flancs en fonction de leurs enchères. Ici, vous connaissiez en Ouest As-Dame de Trèfle, le Valet de Cœur et – par hypothèse de nécessité – un petit honneur second à Pique. Cela suffisait pour qu'Est détienne obligatoirement le Roi de Carreau.

PROBLÈME NUMÉRO 2

Donneur :
Sud

♠ D 5
♡ A V 10
♢ D V 8 4
♣ A R 6 5

N — O E — S

♠ R 7 3
♡ R D 3
♢ A R 3
♣ D 10 9 4

Vulnérabilité :
Est-Ouest

LES ENCHÈRES

Sud	Ouest	Nord	Est
1 SA	Passe	4 SA	Passe
6 SA	Passe	Passe	Passe

L'ENTAME

Ouest entame du Valet de Pique contre votre chelem..
Quel est votre plan de jeu pour douze levées?

LE POINT DE LA SITUATION

C'est un excellent contrat. Vous pouvez compter une levée à Pique, trois à Cœur, quatre à Carreau et trois à Trèfle. Seul un partage 4-1 des Trèfles vous poserait un problème, mais vous devriez être capable de deviner quel flanc risque d'être long dans la couleur.

En fait, une bonne décision est-elle vraiment nécessaire?

SOLUTION

Si vous examinez attentivement la disposition des cartes, vous constaterez que vous n'êtes pas à la devine. L'entame vous est favorable et transforme votre décision en quasi-certitude, car votre contrat est assuré sur la simple assomption que l'As de Pique se trouve en Est.

Pour combiner vos chances, fournissez un petit Pique du mort et faites la première levée avec le Roi. Encaissez ensuite vos gagnantes dans les rouges. Si les cartes fournies par la défense ne vous indiquent pas que seul un des flancs peut détenir quatre Trèfles, continuez par l'As et la Dame de Trèfle. Vos problèmes sont terminés si les deux flancs fournissent. Si Est défausse au second tour de la couleur, vous ferez l'impasse marquée contre Ouest.

Enfin, si les quatre Trèfles se révèlent en Est, son As de Pique est nécessairement devenu sec. Vous le mettrez en main à Pique pour qu'il vous livre les deux dernières levées.

Voici la donne complète :

	♠ D 5 ♡ A V 10 ♢ D V 8 4 ♣ A R 6 5	
♠ V 10 9 6 ♡ 9 8 5 2 ♢ 9 6 5 2 ♣ 2	N O E S	♠ A 8 4 2 ♡ 7 6 4 ♢ 10 7 ♣ V 8 7 3
	♠ R 7 3 ♡ R D 3 ♢ A R 3 ♣ D 10 9 4	

Comment traiter ce problème sur une entame neutre, telle qu'un petit Cœur ? Jouer vers l'As de Trèfle peut vous donner une indication, l'apparition d'un 7 ou d'un 8 constituant une présomption de singleton, mais les bons joueurs savent fournir des fausses cartes dans cette situation. Ensuite, et un peu au hasard, vous jouerez un petit Pique vers le Roi ou vers la Dame. Si votre honneur reste maître, vous aurez localisé l'As de Pique et vous continuerez comme précédemment, c'est-à-dire en vous prémunissant contre quatre Trèfles dans la main qui ne détient pas cet As. Si votre honneur est pris par l'As, vous tirerez vos gagnantes à la recherche d'un indice. Dans le cas du diagramme, si vous avez joué un petit Pique vers la Dame, la découverte du partage 4-2 des Carreaux augmente les chances de trouver quatre Trèfles en Est.

PROBLÈME NUMÉRO 3

Donneur : Est

Vulnérabilité : Nord-Sud

♠ A 7
♡ R D 10
◇ R V 10 9 3
♣ D 10 7

	N	
O		E
	S	

♠ D 9 6
♡ V 7 5 2
◇ D 4
♣ R 9 6 4

LES ENCHÈRES

Est	Sud	Ouest	Nord
1 SA *	Passe	Passe	Contre
Passe	Passe	2 ♠	Passe
Passe	2 SA	Passe	3 SA
Passe	Passe	Passe	

* 15-17 H.

L'ENTAME

Ouest entame du 4 de Pique.
Quel est votre plan de jeu?

LE POINT DE LA SITUATION

L'ouverture d'1 SA situe en Est le Roi de Pique et les trois As manquants. Ces quatre cartes devraient constituer les seules levées possibles pour la défense, car vous avez suffisamment de gagnantes en levées de tête et de longueur.

Existerait-il des dangers inapparents?

SOLUTION

Le piège dans lequel vous ne devez pas tomber sur cette donne consiste à fournir un petit Pique du mort à la première levée. Cela permettrait à Est d'insérer le Dix ou le Valet de Pique, vous obligeant ainsi à faire votre Dame au premier tour de la couleur. Lorsqu'il reprendra la main, Est continuera par le Roi de Pique pour l'As du mort, et vous finirez par concéder trois As et trois Piques.

Vous devez protéger cette précieuse Dame de Pique en mettant l'As du mort à la première levée. Peu importe ce que fera Est sur cet As : la défense ne pourra pas réaliser plus de quatre plis.

Voici la donne complète :

	♠ A 7 ♡ R D 10 ♢ R V 10 9 3 ♣ D 10 7	
♠ V 8 5 4 2 ♡ 9 4 3 ♢ 7 6 2 ♣ 8 3	N O E S	♠ R 10 3 ♡ A 8 6 ♢ A 8 5 ♣ A V 5 2
	♠ D 9 6 ♡ V 7 5 2 ♢ D 4 ♣ R 9 6 4	

Ne jouez pas machinalement lorsque le mort s'étale, mais prenez votre temps. Bien des contrats sur table chutent à la première levée. Ici, la défense mortelle n'est pas difficile à trouver : l'entame d'une quatrième meilleure indique cinq cartes avec un honneur. En regardant son jeu et en se rappelant les enchères, Est diagnostiquera le Valet de Pique cinquième de son partenaire.

Notez également que l'on gagne très souvent 3 SA avec une force combinée de 23-24 points H lorsque tous les honneurs manquants sont concentrés chez un défenseur qui a une répartition plate.

PROBLÈME NUMÉRO 4

Donneur :
Nord

♠ A R
♡ R V 10 5
◇ R D V 5
♣ A D V

Vulnérabilité :
Personne

	N	
O		E
	S	

♠ V 10 5 4
♡ A 4 2
◇ 8
♣ R 7 6 4 2

LES ENCHÈRES

Nord	Est	Sud	Ouest
2 ◇ *	Passe	2 ♡ **	Passe
2 SA	Passe	3 ◇ ***	Passe
4 ♡	Passe	Passe	Passe

* Forcing de manche.
** Négatif, sans As.
*** Transfert pour les Cœurs.

L'ENTAME

Ouest entame du 5 de Trèfle, pour le Valet du mort, votre Roi et le Dix du déclarant.

Quelle carte jouez-vous à la deuxième levée?

LE POINT DE LA SITUATION

Vous connaissez l'As de Carreau dans le jeu de votre partenaire et cette carte vitale vous assure que le contrat va chuter grâce à une levée de coupe.

Existe-t-il un risque de dérapage?

SOLUTION

Ce ne serait pas une bonne idée de contre-attaquer Carreau immédiatement. Cela pourrait fonctionner en face d'un partenaire robot qui prend automatiquement de l'As pour en rejouer. Mais votre partenaire est un animal pensant qui, connaissant votre As de Cœur, est capable d'imaginer dans votre jeu un doubleton à Carreau plutôt qu'un singleton, et donc de retenir son As au premier tour de la couleur pour conserver une communication au deuxième.

Le moyen de clarifier la situation à l'intention de votre partenaire est très simple dès que vous y pensez. Il suffit d'encaisser l'As d'atout à la deuxième levée. Ensuite, quand vous jouerez Carreau, votre partenaire saura, sans l'ombre d'un doute, ce que vous attendez de lui. Il prendra de l'As pour continuer de la couleur, à une vitesse proche de celle de la lumière.

Voici la donne complète :

	♠ A R ♡ R V 10 5 ♢ R D V 5 ♣ A D V	
♠ D 8 7 6 2 ♡ 6 ♢ A 9 7 3 ♣ 9 8 5	N O E S	♠ V 10 5 4 ♡ A 4 2 ♢ 8 ♣ R 7 6 4 2
	♠ 9 3 ♡ D 9 8 7 3 ♢ 10 6 4 2 ♣ 10 3	

Vous auriez sans doute pu obtenir la même certitude d'une manière plus compliquée, en rejouant sous l'As d'atout, ou bien Pique, mais rejouer Trèfle aurait été très dangereux, car votre partenaire aurait imaginé que vous coupiez cette couleur, et non les Carreaux.

Ne posez jamais de problème insoluble à votre partenaire lorsque vous avez la clef du coup.

C'est la seule règle qui n'admette aucune exception au bridge.

PROBLÈME NUMÉRO 5

Donneur :
Sud

Vulnérabilité :
Est-Ouest

♠ 9 8
♡ D 10
♢ R 7 5
♣ R V 9 7 6 2

N
O E
S

♠ A R D 6 2
♡ V 9 8 7 6 2
♢ A 3
♣ –

LES ENCHÈRES

Sud	Ouest	Nord	Est
1 ♡	Passe	1 SA	Passe
2 ♠	Passe	3 ♣	Passe
3 ♠	Passe	4 ♡	Passe
Passe	Passe		

L'ENTAME

Ouest entame de la Dame de Carreau.
Quel est votre plan de jeu?

LE POINT DE LA SITUATION

Vous pouvez vous permettre de perdre deux Cœurs et un Pique, ce qui signifie que votre contrat n'est pas en danger si les Piques ont un partage raisonnable.

Existe-t-il un moyen de vous protéger d'un partage 5-1 des Piques.

SOLUTION

C'est un exercice élémentaire dans le domaine des jeux de sécurité. Si les Piques sont 5-1, il vous reste encore une chance si vous parvenez à ne pas vous faire couper un de vos Piques maîtres. Il n'y a rien à faire si le singleton Pique est en Ouest, mais s'il est en Est, attaquer les Piques du mort au deuxième tour de la couleur peut vous donner un petit avantage.

Prenez de l'As de Carreau et encaissez un Pique, puis allez au mort par le Roi de Carreau pour jouer Pique vers votre main. Si Est n'a plus de Pique, la disposition des atouts peut être telle qu'il ne puisse pas couper avec profit. Par exemple, s'il détient un honneur second à Cœur, il coupera dans le vide, mais il ne pourra enlever qu'un seul atout du mort. Vous resterez en mesure de couper votre dernier Pique perdant avec le second. Alternativement, si Est choisit de défausser, vous ferez un deuxième Pique *en passant*, et vous terminerez par une double coupe maîtresse pour vous prémunir contre un mauvais partage des atouts.

Voici la donne complète :

	♠ 9 8 ♡ D 10 ◇ R 7 5 ♣ R V 9 7 6 2	
♠ V 10 7 4 3 ♡ R 5 3 ◇ D V 9 ♣ 10 5	N O E S	♠ 5 ♡ A 4 ◇ 10 8 6 4 3 ♣ A D 8 4 3
	♠ A R D 6 2 ♡ V 9 8 7 6 2 ◇ A 3 ♣ –	

Quand vous avez une forte opposition dans la couleur secondaire du déclarant, il est généralement bon d'entamer atout.

Ici, l'entame d'un petit Cœur aurait battu irrémédiablement votre manche et, d'après les enchères, cette entame semblait tentante.

D'autres dispositions vous auraient permis de gagner si la défense n'entame pas atout : par exemple, un partage 4-1 des Cœurs, avec un honneur sec en Ouest.

En jouant ainsi, vous augmentez vos chances de 2,3 %. En fait, c'est presque un tiers des cas où Ouest détient cinq Piques (7,3 %).

PROBLÈME NUMÉRO 6

Donneur : Sud

Vulnérabilité : Tous

♠ A 5
♡ D 8 2
♢ 8 7 6 5 3
♣ R 10 5

N — O E — S

♠ D 8 3
♡ A 9
♢ A R 9 2
♣ D V 9 4

LES ENCHÈRES

Sud	Ouest	Nord	Est
1 SA	Passe	3 SA	Passe
Passe	Passe		

L'ENTAME

Ouest entame du Dix de Pique, pour le 5 du mort, le Valet d'Est et votre Dame.

Quel est votre plan de jeu?

LE POINT DE LA SITUATION

Vous avez cinq levées de tête et l'affranchissement des Trèfles vous en assure trois autres. Un partage 2-2 des Carreaux porterait votre total à onze.

Comment devez-vous procéder dans l'hypothèse où le partage des Carreaux ne serait pas amical?

SOLUTION

Ce serait une erreur d'affranchir les Trèfles immédiatement. Si vous êtes obligé de concéder une levée à Carreau pour établir la couleur, l'ordre dans lequel vous allez faire sauter les arrêts de la défense doit retenir toute votre attention. De toute évidence, la première levée donne à penser qu'Ouest pourrait très bien détenir six Piques et, dans ce cas, il est correct d'attaquer son éventuelle reprise en premier.

Votre premier geste doit être de clarifier la situation à Carreau. Encaissez l'As et le Roi. Si tout le monde fournit, affranchissez les Trèfles et tablez pour onze levées.

Si Ouest ne fournit plus au second tour, jouez également Trèfle, avec l'espoir qu'Est n'aura plus de Pique quand vous lui rendrez la main à Carreau.

Si Est ne fournit pas au second tour, continuez par le 9 de Carreau pour faire sauter la reprise d'Ouest. Maintenant, vous devez espérer un partage 6-2 des Piques, avec l'As de Trèfle en Est.

Voici la donne complète :

	♠ A 5 ♡ D 8 2 ◇ 8 7 6 5 3 ♣ R 10 5	
♠ R 10 9 7 6 2 ♡ V 5 ◇ D 10 4 ♣ 8 3	N O E S	♠ V 4 ♡ R 10 7 6 4 3 ◇ V ♣ A 7 6 2
	♠ D 8 3 ♡ A 9 ◇ A R 9 2 ♣ D V 9 4	

Demandez votre chemin aux passants quand vous ignorez la bonne direction. Ici, un partage 6-2 des Piques était nécessaire lorsque les Carreaux se sont révélés rétifs et la solution coulait de source.

PROBLÈME NUMÉRO 7

Donneur : Nord

Vulnérabilité : Personne

♠ V 9 4 2
♡ 10 5 3
◊ R 8 7 2
♣ V 6

	N	
O		E
	S	

♠ A D 10 8 5
♡ A 9 2
◊ A 5
♣ R 8 3

LES ENCHÈRES

Nord	Est	Sud	Ouest
Passe	Passe	1 ♠	Passe
2 ♠	Passe	4 ♠	Passe
Passe	Passe		

L'ENTAME

Ouest entame du 7 de Cœur. Vous laissez passer le Valet de Cœur d'Est qui continue par le Roi de Cœur, pour votre As, Ouest fournissant le 8 de Cœur. En consultant le système adverse, vous apprenez que l'entame d'Ouest provient de trois petites cartes.

Quel est votre plan de jeu?

LE POINT DE LA SITUATION

Vous avez quelque peu tiré sur la corde en déclarant 4 ♠ sans consulter votre partenaire. Son soutien à 2 ♠ se révèle minimal et vous vous retrouvez à la tête d'un contrat qui est loin d'être assuré. Avec deux perdantes à Cœur, vous devez escomptez la réussite de l'impasse à Pique. De plus, il semble que vous ayez besoin de trouver l'As de Trèfle en Est.

Cet espoir est-il raisonnable? Existe-t-il autre chose qui vaille la peine d'être tenté?

SOLUTION

Si l'As de Trèfle est en Est, vous pouvez être certain de trouver le Roi de Pique en Ouest. Avec un Roi en plus de cet As et de ses trois honneurs à Cœur, Est aurait évidemment ouvert les enchères. Trouver l'As de Trèfle en Est est une hypothèse de nécessité qui en impose une seconde : le Roi de Pique doit être sec en Ouest.

Donc, à la troisième levée, vous tirez l'As de Pique, mais c'est en Est que vous capturez le Roi de Pique sec, ce qui marque l'As de Trèfle en Ouest. Votre seule chance est alors de trouver la Dame de Trèfle en Est, ce qui n'est pas une impossibilité arithmétique. Pour gagner, vous devez éliminer les Carreaux et remettre Est en main à Cœur, l'obligeant ainsi à rejouer Trèfle sous sa Dame ou Cœur dans coupe et défausse.

Voici la donne complète :

	♠V 9 4 2 ♡10 5 3 ♢R 8 7 2 ♣V 6	
♠7 6 3 ♡8 7 6 ♢D V 6 ♣A 10 7 2	N O E S	♠R ♡R D V 4 ♢10 9 4 3 ♣D 9 5 4
	♠A D 10 8 5 ♡A 9 2 ♢A 5 ♣R 8 3	

Après l'As de Pique, encaissez deux Carreaux, coupez le troisième avec le 8 d'atout et revenez au mort à Pique pour couper le quatrième du Dix. Vous avez les moyens de sacrifier des atouts maîtres. Maintenant, sortez à Cœur. Si Est joue Cœur, vous couperez de la Dame de Pique et vous défausserez un Trèfle du mort. S'il rejoue Trèfle, vous n'aurez aucune peine à passer la bonne.

Ne fondez pas vos lignes de jeu sur un compte de points impossible et sachez changer votre fusil d'épaule. Une hypothèse de nécessité peut en cacher une autre.

Une ligne de jeu alternative consiste à faire l'impasse à Pique en attaquant du Valet, puis à remettre Est en main après une élimination partielle des Carreaux et la Dame de Trèfle, mais cette ligne de jeu est moins bonne sur le plan des probabilités.

PROBLÈME NUMÉRO 8

Donneur : Sud	♠ 8 3 ♡ V 9 ◇ A R V 10 4 ♣ D 10 9 5	*Vulnérabilité :* Personne
♠ R D 10 7 6 2 ♡ R 7 ◇ 6 3 ♣ 8 6 4	N O E S	

LES ENCHÈRES

Sud	Ouest	Nord	Est
1 ♡	2 ♠	Contre *	Passe
3 SA **	Passe	Passe	Passe

* Spoutnik.
** 15-16 H.

L'ENTAME

Vous entamez du Roi de Pique, sur lequel votre partenaire fournit le 9 et le déclarant le 4.

Comment devez-vous continuer?

LE POINT DE LA SITUATION

Vous connaissez As-Valet de Pique chez le déclarant, de sorte que ce ne serait pas une bonne idée de continuer dans la couleur. Il semble qu'il vous faille rendre rapidement la main à votre partenaire pour qu'il puisse traverser les Piques du déclarant avant que votre reprise du Roi de Cœur n'ait sauté.

Quelles cartes devez-vous espérer en Est?

SOLUTION

En dépit de ce mort formidable, votre partenaire peut détenir un As et la Dame de Carreau et c'est de cela que vous aurez besoin pour pouvoir faire chuter le contrat. Supposons qu'il ait l'As de Trèfle et que vous jouiez Trèfle. Il prendra de l'As pour rejouer Pique, mais, quand il aura fait sa Dame de Carreau, vous ne pourrez pas prendre la main avant que le déclarant n'ait aligné neuf levées : quatre Carreaux, trois Trèfles et deux As majeurs.

Pour que la défense ait une chance, vous devez admettre que le Roi de Cœur est une reprise immédiate et cela implique que votre partenaire détienne l'As de Cœur. Vous devez donc jouer le 7 de Cœur à la deuxième levée.

Voici la donne complète :

	♠ 8 3 ♡ V 9 ◇ A R V 10 4 ♣ D 10 9 3	
♠ R D 10 7 6 2 ♡ R 7 ◇ 6 3 ♣ 8 6 4	N O E S	♠ 9 5 ♡ A 6 5 2 ◇ D 8 7 2 ♣ 7 3 2
	♠ A V 4 ♡ D 10 8 4 3 ◇ 9 5 ♣ A R V	

Est prend de l'As de Cœur pour rejouer Pique, et le déclarant ne peut pas faire plus de sept levées. Il risque même de chuter de quatre s'il essaye de gagner son contrat en tentant une impasse contre la Dame de Carreau.

Au bridge, contrairement à l'axiome de Guillaume d'Orange, il est nécessaire d'espérer pour entreprendre, et de persévérer pour réussir.

Si votre partenaire n'a pas l'As de Cœur aujourd'hui, peut-être l'aura-t-il demain.

PROBLÈME NUMÉRO 9

Donneur : Est	♠ 10 9 3 ♡ R 10 3 2 ◇ 9 7 4 3 ♣ R D	*Vulnérabilité :* Tous
	N / O E / S	
	♠ A R V 8 7 5 4 ♡ 7 ◇ – ♣ 9 6 5 4 3	

LES ENCHÈRES

Est	Sud	Ouest	Nord
2♣ *	4♠	Passe	Passe
5 ◇	Passe	Passe	5♠
Passe	Passe	Passe	

* Fort indéterminé.

L'ENTAME

Ouest entame du 5 de Carreau, pour le Roi de son partenaire. Vous coupez et vous jouez Trèfle. Est prend de l'As et contre-attaque du 2 de Pique pour votre Roi, Ouest fournissant le 6 de Pique. Vous encaissez le second Trèfle et vous coupez un Carreau pour revenir en main, Ouest fournissant le 8. Quand vous coupez un Trèfle avec le 9 de Pique, Est défausse un Carreau.

À vous, maintenant.

LE POINT DE LA SITUATION

Pour gagner votre contrat, vous avez besoin de couper encore un Trèfle avec le Dix de Pique du mort.

Quels sont les dangers?

SOLUTION

Les enchères et les premières levées vous indiquent la répartition exacte des deux jeux cachés. Ouest a la Dame de Pique, initialement seconde, avec quatre Cœurs, trois Carreaux et quatre Trèfles. Est a six Carreaux, un Pique, deux Trèfles et quatre Cœurs. Vous pouvez encore couper un Carreau pour revenir en main, puis couper un Trèfle, mais vous serez alors cloué au mort sans communication sûre pour purger le dernier atout. Si vous jouez Cœur à ce stade, Est prendra le main et jouera Carreau pour promouvoir la Dame de Pique d'Ouest.

Clairement, c'est maintenant que vous devez jouer Cœur, tant qu'Est n'est pas en posture de vous nuire, mais il existe un autre danger. Vous ne pouvez pas vous permettre de laisser Ouest prendre la main, car il rejouerait la Dame de Pique, vous laissant à court d'une levée. Pour être certain d'éviter cela, c'est le Roi de Cœur que vous devez jouer du mort. Vous couperez le retour à Carreau, vous couperez le quatrième Trèfle pour établir la couleur, et vous reviendrez en main par une coupe à Cœur pour purger le dernier atout et réclamer onze levées.

Voici la donne complète :

	♠ 10 9 3 ♡ R 10 3 2 ◇ 9 7 4 3 ♣ R D	
♠ D 6 ♡ D 9 8 4 ◇ 10 8 5 ♣ V 10 7 2	N O E S	♠ 2 ♡ A V 6 5 ◇ A R D V 6 2 ♣ A 8
	♠ A R V 8 7 5 4 ♡ 7 ◇ – ♣ 9 6 5 4 3	

Tout le problème était de localiser l'As de Cœur et de le forcer au bon moment.

Supposez qu'Est ait ouvert d'1 ◇ et que vous soyez contré à 5 ♠ par Ouest : cette fois, vous devez rentrer à Carreau pour couper le quatrième Trèfle, puis jouer le Roi de Cœur pour empêcher Est de prendre la main.

PROBLÈME NUMÉRO 10

Donneur :
Ouest

♠V 4
♡V 6 5 4 2
♢D 8 7 6
♣8 2

N
O E
S

♠A R D 10 5 3 2
♡–
♢R 4
♣R V 4 3

Vulnérabilité :
Tous

LES ENCHÈRES

Ouest	Nord	Est	Sud
1 ♢	Passe	1 ♡	4 ♠
Passe	Passe	Passe	

L'ENTAME

Ouest entame du Roi de Cœur, que vous coupez, Est fournissant le 2 de Cœur.

Que jouez-vous à la deuxième levée?

LE POINT DE LA SITUATION

Vous avez sept levées d'atout et les Carreaux vous en fourniront facilement une huitième. Est ne devrait pas avoir deux As et, comme il semble détenir l'As de Cœur, l'As de Trèfle est certainement chez l'ouvreur, mais, si Est détient la Dame de Trèfle, vous pourrez établir une neuvième levée en attaquant d'un petit Trèfle du mort vers votre Valet avec l'espoir de couper un Trèfle pour la dixième.

Comment allez-vous procéder?

SOLUTION

Si vous allez au mort par le Valet de Pique pour jouer Trèfle vers votre Valet, Ouest risque d'être en mesure de donner un deuxième tour d'atout, ce qui vous enlèverait tout espoir de couper un Trèfle, et vos chances de mettre en place une fin de coup quelconque sont quasi nulles. Le même risque vous menace si vous présentez le Roi de Carreau à la deuxième levée. Ouest prendra de l'As pour jouer atout et vous serez de nouveau restreint à neuf levées.

La bonne manière de traiter ce problème consiste à jouer le 4 de Carreau à la deuxième levée. Si Ouest fournit un petit Carreau, la Dame du mort vous apportera la communication supplémentaire dont vous avez besoin pour exécuter l'impasse à Trèfle et la défense ne pourra pas vous empêcher de couper un Trèfle. Si Ouest plonge de l'As pour jouer atout, vous prendrez dans votre main, vous débloquerez le Roi de Carreau et vous irez au mort par le Valet de Pique, avec l'espoir de défausser sans encombre un Trèfle perdant sur la Dame de Carreau au lieu de le couper. Ensuite, vous compterez sur la réussite de l'impasse à Trèfle pour établir une dixième levée.

Voici la donne complète :

	♠V 4 ♡V 6 5 4 2 ♢D 8 7 6 ♣8 2	
♠9 7 ♡R D 8 ♢A V 10 9 5 ♣A 7 6	N O E S	♠8 6 ♡A 10 9 7 3 ♢3 2 ♣D 10 9 5
	♠A R D 10 5 3 2 ♡– ♢R 4 ♣R V 4 3	

Les manœuvres imaginatives sont beaucoup plus faciles à détecter qu'il n'y paraît lorsque l'on raisonne par élimination.

Ici, vous aviez besoin d'attaquer les Trèfles du mort sans subir deux coups d'atout. Vous essayez mentalement le Valet de Pique ; cela ne va pas. Le Roi de Carreau ? Non plus. Un petit Trèfle de votre main ? Il faudrait qu'Ouest détienne As-Dame de Trèfle secs, et cela lui ferait 16 points H. Que reste-t-il ? Le 4 de Carreau. Cette fois, ça marche, et l'*Encyclopédie* vous apprendra que vous venez de réussir une manœuvre qui s'apparente à celle de *Milton Work.*

PROBLÈME NUMÉRO 11

Donneur :		*Vulnérabilité :*
Nord	♠ A R 6 4 3 ♡ V 8 4 ◇ A D V ♣ A 5	Tous
	N O E S	
	♠ D 9 ♡ R 6 5 ◇ 10 9 7 5 4 ♣ D V 8	

LES ENCHÈRES

Nord	Est	Sud	Ouest
1 ♠	Passe	1 SA	Passe
3 SA	Passe	Passe	Passe

L'ENTAME

Ouest entame du 2 de Cœur (quatrième meilleure), pour le 4 du mort, le Dix d'Est et votre Roi. Vous jouez Carreau vers le Valet du mort, qui reste maître.

Comment devez-vous continuer?

LE POINT DE LA SITUATION

D'après l'entame, il apparaît que les Cœurs sont 4-3. Cela signifie que vous pouvez vous permettre de perdre une levée ailleurs. Si vous parvenez à réaliser quatre Carreaux, votre contrat est assuré, mais trois Carreaux pourraient suffire dans certaines circonstances.

Une inspiration, peut-être?

SOLUTION

Rien ne vous dit que le Roi de Carreau est bien placé et le manque de communications rend une deuxième impasse hasardeuse. Peut-être serez-vous tenté de continuer par l'As et la Dame de Carreau? Cela va très bien si les Carreaux sont 3-2, mais le défenseur qui détient un Roi de Carreau quatrième risque d'être assez astucieux pour ne pas le mettre au troisième tour, ce qui vous limite à trois levées dans la couleur. Vous serez contraint de vous en remettre à une impasse contre le Roi de Trèfle, ou bien à un partage 3-3 des Piques, mais si la solution que vous adoptez échoue, la défense pourra réaliser cinq levées.

Le moyen d'assurer votre contrat consiste à jouer la Dame de Carreau à la troisième levée, en conservant l'As au mort. Les défenseurs pourront prendre du Roi de Carreau et encaisser leurs trois Cœurs, mais le reste vous appartiendra. Si on vous laisse faire la Dame de Carreau et qu'un des flancs défausse, vous continuerez tout simplement par l'As et le 5 de Trèfle pour établir votre neuvième levée dans la couleur.

Voici la donne complète :

	♠ A R 6 4 3 ♡ V 8 4 ♢ A D V ♣ A 5	
♠ V 10 8 2 ♡ D 9 7 2 ♢ 2 ♣ 10 4 3 2	N O E S	♠ 7 5 ♡ A 10 3 ♢ R 8 6 3 ♣ R 9 7 6
	♠ D 9 ♡ R 6 5 ♢ 10 9 7 5 4 ♣ D V 8	

C'était un problème de contrôle. Il fallait assurer trois levées à Carreau, mais sans en créer une pour la défense. Ensuite, on pouvait donner un Trèfle en toute quiétude.

Vous noterez également l'excellente technique d'Est en défense. À la première levée, il a intercalé le Dix de Cœur, vous obligeant ainsi à prendre du Roi tout en maintenant les communications de son camp. À la deuxième levée, il a retenu le Roi de Carreau. C'est une bonne règle de ne pas se précipiter pour encaisser des levées maîtresses lorsqu'il n'y en a pas assez pour faire chuter le contrat.

PROBLÈME NUMÉRO 12

Donneur : Sud

Vulnérabilité : Personne

	Nord	
	♠ A R D 10 7 3 ♡ 7 5 ◇ 8 5 3 ♣ 8 2	
♠ 8 4 ♡ 10 9 3 ◇ R 9 ♣ A R V 10 6 5	N O E S	

LES ENCHÈRES

Sud	Ouest	Nord	Est
1♡	2♣	2♠	Passe
3♣	Passe	3♠	Passe
4♡	Passe	Passe	Passe

L'ENTAME

Vous commencez par l'As et le Roi de Trèfle. Votre partenaire fournit dans l'ordre le 3, puis le 4 de Trèfle, et le déclarant le 7 et la Dame. Comment devez-vous continuer?

LE POINT DE LA SITUATION

Il semble que les levées ultérieures de la défense devront venir des Carreaux.

Pouvez-vous espérer trouver l'As de Carreau dans le jeu de votre partenaire?

SOLUTION

Ce serait amusant de contre-attaquer du Roi de Carreau, de continuer par le 9 de Carreau pour l'As du partenaire et de couper le troisième tour de la couleur, pour deux levées de chute. Mais ce genre d'heureux dénouement est réservé aux contes de fées. Le déclarant a montré une main forte. Son enchère de 3 ♣ était une investigation pour jouer 3 SA, et vous devez vous attendre à trouver chez lui quelque chose comme six Cœurs maîtres avec l'As de Carreau. Aux sept gagnantes de sa main s'ajoutent les trois Piques du mort, pour un total de dix levées.

Cela ne signifie pas que vous n'ayez aucun espoir de faire chuter cette manche. Tout dépend de la teneur à Pique du déclarant. Rien à faire s'il a deux ou trois Piques, mais s'il n'en a qu'un, vous pouvez l'empêcher d'encaisser plus de deux levées dans la couleur en contre-attaquant Pique immédiatement. Cette contre-attaque enlève la reprise du mort avant que le déclarant ne soit prêt à l'exploiter et la manche chutera, à moins que Sud ne parvienne à établir un second Carreau.

Voici la donne complète :

	♠ A R D 10 7 3 ♡ 7 5 ◇ 8 5 3 ♣ 8 2	
♠ 8 4 ♡ 10 9 3 ◇ R 9 ♣ A R V 10 6 5	N O E S	♠ V 9 5 2 ♡ 8 6 ◇ D 10 6 2 ♣ 9 4 3
	♠ 6 ♡ A R D V 4 2 ◇ A V 7 4 ♣ D 7	

La défense mortelle eût été plus facile à trouver si le déclarant avait annoncé ce qu'il détenait. Normalement, un cue-bid promet un contrôle à Trèfle avec un fit à Pique. Quand Sud fournit deux fois à Trèfle, vous savez qu'il est un maniaque des cue-bids à toutes les sauces et qu'il s'est trompé de situation. S'il n'a pas de contrôle à Trèfle, pourquoi aurait-il un fit à Pique?

PROBLÈME NUMÉRO 13

Donneur :
Nord

♠ D 5
♡ A 3
◇ A R D 10 8 3
♣ A R 9

N
O E
S

♠ 9 7 4
♡ D V 10 9 8 4
◇ 6 2
♣ 8 5

Vulnérabilité :
Personne

LES ENCHÈRES

Nord	Est	Sud	Ouest
2 ◇ *	Passe	2 ♡ **	Passe
2 SA	Passe	3 ◇ ***	Passe
3 ♡	Passe	4 ♡	Passe
Passe	Passe		

* Forcing de manche – style Albarran.
** Négatif, sans As.
*** Transfert pour les Cœurs.

L'ENTAME

Ouest encaisse l'As et le Roi de Pique, Est fournissant le Valet suivi du 2 de Pique, et contre-attaque du 6 de Cœur. Sur le 3 de Cœur du mort, Est fournit le 2 et vous faites la levée avec le 8.

Quel est votre plan de jeu?

LE POINT DE LA SITUATION

La perte du Roi de Cœur étant budgétisée, vous ne pouvez pas vous permettre de concéder une levée ailleurs.

Comment envisagez-vous de vous débarrasser de votre Pique perdant?

SOLUTION

Il serait imprudent de s'en remettre à deux partages 3 - 2 dans les couleurs rouges. L'un des deux résidus pourrait être 4 - 1 et l'action la plus sûre consiste à couper le troisième Pique avec l'As de Cœur.

Il existe cependant un danger caché. Si, après avoir coupé le Pique, vous revenez en main en coupant le troisième Trèfle pour présenter la Dame de Cœur, vous courez le risque que le défenseur qui détient un Roi de Cœur troisième ou quatrième ait également un singleton à Carreau. Après le Roi de Cœur, il rejouera Carreau. Vous serez cloué au mort et contraint de vous faire couper le deuxième Carreau.

Pour vous protéger de cette éventualité, vous devez encaisser un Carreau avant de revenir en main par la coupe à Trèfle. S'il existait un singleton à Carreau, on ne pourra plus vous enfermer au mort.

Voici la donne complète :

	♠ D 5 ♡ A 3 ◇ A R D 10 8 3 ♣ A R 9	
♠ A R 8 3 ♡ 6 ◇ V 9 7 4 ♣ D 10 6 3	N O E S	♠ V 10 6 2 ♡ R 7 5 2 ◇ 5 ♣ V 7 4 2
	♠ 9 7 4 ♡ D V 10 9 8 4 ◇ 6 2 ♣ 8 5	

Telles que sont les cartes, Ouest aurait pu faire chuter le contrat en contre-attaquant Carreau à la deuxième levée.

Cherchez les dangers avant de mettre votre plan à exécution. Ici, le danger était un singleton à Carreau. Une fois le danger diagnostiqué, la parade était simple : le transformer en chicane !

PROBLÈME NUMÉRO 14

Donneur :		*Vulnérabilité :*
Est	♠ D 9 7 2 ♡ 10 6 2 ◇ A 5 ♣ D 7 6 5	Est-Ouest
	N O E S	
	♠ 8 6 3 ♡ A R V 9 8 5 4 ◇ 3 ♣ A 3	

LES ENCHÈRES

Est	Sud	Ouest	Nord
1 ♠	3 ♡	Passe	4 ♡
Passe	Passe	4 SA *	Passe
5 ◇	5 ♡	Contre	Passe
Passe	Passe		

* Bicolore mineur.

L'ENTAME

Ouest entame de la Dame de Carreau, pour l'As du mort. Quel est votre plan de jeu?

LE POINT DE LA SITUATION

Peut-être auriez-vous dû laisser une chance à votre partenaire de contrer 5 ◇. Au contrat de 5 ♡, il semble que vous ayez quatre perdantes dans les couleurs noires, sans parler d'une perdante possible à l'atout. Toutefois, si la Dame de Cœur est troisième en Ouest, le contrat de 5 ◇ est probablement sur table et votre résultat ne sera pas trop mauvais.

Voyez-vous une chance de gagner cette manche contrée s'il n'y a pas de perdante à l'atout?

SOLUTION

La lueur d'espoir vient de l'entame, qui localise le Roi de Carreau chez l'ouvreur, mais qui signifie aussi qu'Ouest n'a pas de Pique. En revanche, il devrait avoir le Roi de Trèfle pour justifier son réveil tardif au palier de cinq et, dans ce cas, vous pourrez vous débarrasser d'un Pique perdant sur la Dame de Trèfle. De plus, si vous minutez correctement l'exécution de votre plan, une fin de coup peut vous fournir une onzième levée.

Le geste clef consiste à couper immédiatement le Carreau du mort pour commencer un plan d'élimination. Purgez ensuite les atouts en deux tours et continuez par l'As et le 3 de Trèfle. Ouest va certainement prendre du Roi et rejouer Trèfle. Vous défausserez un premier Pique sur la Dame de Trèfle, et un deuxième sur le dernier Trèfle du mort. Ouest, qui n'a plus que des cartes mineures, doit jouer l'une d'entre elles : vous couperez du mort en défaussant le dernier Pique perdant de votre main.

Voici la donne complète :

	♠ D 9 7 2 ♡ 10 6 2 ♢ A 5 ♣ D 7 6 5	
♠ – ♡ D 3 ♢ D V 9 8 6 4 ♣ R 9 8 4 2	N O E S	♠ A R V 10 5 4 ♡ 7 ♢ R 10 7 2 ♣ V 10
	♠ 8 6 3 ♡ A R V 9 8 5 4 ♢ 3 ♣ A 3	

Une chicane est en général la meilleure raison que l'on a pour ne pas entamer dans la couleur de son partenaire.

Le reste coulait de source.

PROBLÈME NUMÉRO 15

Donneur : Ouest

Vulnérabilité : Tous

♠ D 6 5 2
♡ V 10 7 4
◇ 7 5
♣ D 10 2

	N	
O		E
	S	

♠ R 8 7 4 3
♡ R
◇ A V 9
♣ A R V 5

LES ENCHÈRES

Ouest	Nord	Est	Sud
Passe	Passe	Passe	1 ♠
Passe	2 ♠	Passe	4 ♠
Passe	Passe		

L'ENTAME

Ouest entame du Roi de Carreau, que vous prenez de l'As. Quel est votre plan de jeu?

LE POINT DE LA SITUATION

La défense a ouvert les Carreaux dès l'entame et cela signifie que vous n'aurez pas le temps de défausser le second Carreau du mort sur le quatrième Trèfle de la main. Avec une perdante dans chaque couleur rouge, vous devez éviter la perte de plus d'une levée d'atout. Vous n'aurez aucune difficulté si les Piques sont 2-2. S'ils sont 3-1, il vous restera toujours la possibilité de trouver l'As sec, à condition d'attaquer du bon côté.

Comment allez-vous procéder?

SOLUTION

Le moyen de mettre toutes les chances de votre côté consiste à jouer le Roi de Cœur immédiatement. Naturellement, vous n'attendez rien des Cœurs eux-mêmes; vous voulez seulement découvrir qui détient l'As de Cœur. S'il se trouve en Est, vous ne serez guère plus avancé. En revanche, s'il est en Ouest, qui détient déjà Roi-Dame de Carreau, vous saurez clairement qu'il ne peut avoir aussi l'As de Pique car, avec 13 points H, il aurait certainement ouvert les enchères.

Voici la donne complète :

	♠ D 6 5 2 ♡ V 10 7 4 ◇ 7 5 ♣ D 10 2	
♠ V 10 9 ♡ A 8 5 3 ◇ R D 10 4 ♣ 8 4	N O E S	♠ A ♡ D 9 6 2 ◇ 8 6 3 2 ♣ 9 7 6 3
	♠ R 8 7 4 3 ♡ R ◇ A V 9 ♣ A R V 5	

Ouest prend de l'As de Cœur, encaisse la Dame de Carreau et sort à Trèfle. Sachant qu'Est détient l'As de Pique, vous prenez du mort pour attaquer d'un petit Pique vers votre main. Vous touchez les dividendes de votre prévoyance quand Est prend de l'As sec.

Le silence est souvent aussi explicite que la parole. A vous de découvrir les raisons d'un silence.

Les bridgeurs ont horreur de tirer à pile ou face devant une alternative; ils se fient au moindre indice, certains relevant parfois de la superstition. Si l'As de Cœur était en Est, nombreux seraient ceux qui joueraient pour la *séparation des As*, ce qui peut être justifié dans certains cas sur le plan des probabilités, mais ne l'est pas ici. Un autre indice pourrait provenir de la localisation d'une courte à Pique. Son existence risque de provoquer un contre d'appel en Ouest sur 1 ♠, avec l'As de Pique et Roi-Dame de Carreau, ou en Est sur 2 ♠, avec les deux As majeurs. On voit que si l'As de Cœur est en Est, la seule déduction possible est que l'As de Pique n'est pas sec.

PROBLÈME NUMÉRO 16

Donneur :
Nord

♠ R 10 3
♡ R D V 10
◇ D V 9
♣ A 7 4

♠ A V 9 8 2
♡ 8 6 5
◇ R 8 3
♣ 8 3

Vulnérabilité :
Personne

LES ENCHÈRES

Est	Sud	Ouest	Nord
1 ♡	1 ♠	2 SA	Passe
3 SA	Passe	Passe	Passe

L'ENTAME

Votre partenaire entame du 7 de Pique et le Roi de Pique est joué du mort. Vous prenez de l'As.

Quel est votre retour?

LE POINT DE LA SITUATION

Vous savez ce qui se passe à Pique. Ouest a un doubleton – du moins l'espérez-vous – et Sud la Dame troisième. Le déclarant a mis la bonne carte du mort à la première levée, ce qui vous empêche de continuer avec profit dans la couleur. La deuxième attaque des Piques doit venir de votre partenaire, qui ne peut pas avoir beaucoup de reprises.

Quelle carte allez-vous chercher dans le jeu d'Ouest?

SOLUTION

L'enchère de Sud traduit 11 ou 12 points H, ce qui en laisse 4 ou 5 dans le jeu d'Ouest. Il y a donc la place pour que votre partenaire ait un As rouge.

S'il s'agit de l'As de Carreau, une contre-attaque à Carreau lui rendra la main pour traverser les Piques et la défense prendra le meilleur, pourvu que le déclarant ait besoin d'une levée de Carreau pour réussir son contrat. L'ennui est que le déclarant devrait avoir une garde dans les trois couleurs autres que celle de l'ouverture. Il est donc probable que votre partenaire a l'As de Cœur et non l'As de Carreau. Toutefois, une contre-attaque à Cœur pour l'As d'Ouest et un retour à Pique ne sera pas profitable à la défense. Le déclarant fera trois Cœurs, un Pique, trois Trèfles et deux Carreaux en prenant votre Roi en impasse.

C'est donc Carreau que vous devez rejouer. Aussi étrange que cela puisse paraître, cela risque de faire chuter le contrat même si votre partenaire détient l'As de Cœur!

Voici la donne complète :

	♠ R 10 3 ♡ R D V 10 ♢ D V 9 ♣ A 7 4	
♠ 7 4 ♡ A 9 3 2 ♢ 10 6 2 ♣ V 10 6 5	N O E S	♠ A V 9 8 2 ♡ 8 6 5 ♢ R 8 3 ♣ 8 3
	♠ D 6 5 ♡ 7 4 ♢ A 7 5 4 ♣ R D 9 2	

Quand vous rejouez le 8 de Carreau – une carte trompeuse ne peut pas faire de mal – Sud, qui sait que vous cherchez à rendre la main à votre partenaire, a des chances sérieuses de faire le mauvais choix, c'est-à-dire de plonger de l'As pour jouer Cœur. Ce serait le bon choix si vous aviez l'As de Cœur et votre partenaire le Roi de Carreau. Telles que sont les cartes, cette ligne de jeu conduit à une de chute.

Il fallait une reprise en Ouest pour traverser les Piques, et une autre dans votre jeu pour les exploiter. Elle existait naturellement si votre partenaire avait l'As de Carreau. Sinon, il fallait offrir une option perdante au déclarant.

Ce n'est pas un bon coup pour les adeptes du Sans-atout faible. De plus, avec une seule garde à Pique, Sud aurait dû se montrer plus altruiste. Un contre d'appel sur 1 ♠ aurait rétabli la situation : joué par Nord, le contrat de 3 SA est imperdable.

PROBLÈME NUMÉRO 17

Donneur :		*Vulnérabilité :*
Est	♠ R V 9	Tous
	♡ 9 3	
	◇ A 5 3 2	
	♣ A R 10 5	
	N / O E / S	
	♠ A D 10 7 6 2	
	♡ V 8 4	
	◇ V 7 6	
	♣ 8	

LES ENCHÈRES

Est	Sud	Ouest	Nord
1 ◇	2 ♠	Passe	4 ♠
Passe	Passe	Passe	

L'ENTAME

Ouest entame du 4 de Carreau, pour l'As du mort. L'As et le Roi de Trèfle vous permettent de défausser sans encombre un de vos Carreaux perdants.

Comment devez-vous continuer?

LE POINT DE LA SITUATION

Vous avez neuf levées de tête et la dixième devrait provenir d'une coupe à Cœur.

Existerait-il un danger quelconque?

SOLUTION

Vous ne pouvez pas vous permettre de tester les atouts avant d'ouvrir la coupe à Cœur. S'ils sont 3-1, la défense pourrait enlever le dernier Pique du mort, vous laissant une quatrième perdante inévitable à Cœur.

Par ailleurs, l'entame provient manifestement d'un singleton, ce qui crée un danger de promotion d'atout. Est doit pouvoir prendre deux fois la main à Cœur : à chaque fois, il rejouera Carreau, vous obligeant à couper gros, et donnant l'opportunité à son partenaire de défausser un certain nombre de Trèfles. Quand vous aurez coupé le troisième Cœur et joué deux fois Pique, vous ne pourrez pas empêcher Ouest de faire un 8 de Pique initialement troisième en surcoupe.

En fait, il suffit d'adopter un minutage correct. Vous aurez besoin, à un moment quelconque, de couper un Trèfle avec un petit atout sans être surcoupé. Faites-le immédiatement, avant qu'Ouest n'ait eu l'opportunité de défausser sur les Carreaux. Quand vous aurez coupé ce Trèfle, vous jouerez Cœur et vous terminerez par une double coupe maîtresse.

Voici la donne complète :

	♠ R V 9 ♡ 9 3 ♢ A 5 3 2 ♣ A R 10 5	
♠ 8 5 4 ♡ D 10 7 5 2 ♢ 4 ♣ D 7 3 2	N O E S	♠ 3 ♡ A R 6 ♢ R D 10 9 8 ♣ V 9 6 4
	♠ A D 10 7 6 2 ♡ V 8 4 ♢ V 7 6 ♣ 8	

En pratique, pour éviter une promotion d'atout, vous avez coupé quatre fois de la main longue, au lieu de couper une fois de la main courte. Le total fait toujours sept levées, mais cela s'appelle un mort inversé.

PROBLÈME NUMÉRO 18

Donneur : Sud

♠ R V
♡ D 5
◇ A V 7 2
♣ D 8 7 5 3

N
O E
S

♠ A 6
♡ A R V 3
◇ D 6 4 3
♣ A R 6

Vulnérabilité : Tous

LES ENCHÈRES

Sud	Ouest	Nord	Est
2 SA	Passe	6 SA	Passe
Passe	Passe		

L'ENTAME

Ouest entame du Dix de Pique et vous faites la levée avec le Roi du mort. Vous testez les Trèfles en tirant l'As et le Roi, mais Est défausse un Pique au deuxième tour de la couleur.

Comment envisagez-vous la suite?

LE POINT DE LA SITUATION

C'est un peu malheureux de tomber sur un mauvais partage des Trèfles, mais il subsiste de bonnes chances à Carreau. Même si l'impasse contre le Roi échoue, un partage 3-2 vous apporte assez de levées pour gagner votre chelem.

Pouvez-vous vous prémunir contre un mauvais partage à Carreau?

SOLUTION

Votre contrat est sur table quelle que soit la répartition des jeux adverses. La sécurité consiste à tirer l'As de Carreau. Si le Roi de Carreau n'est pas sec, vous continuerez par un petit Carreau vers la Dame. Un partage 3-2 suffit à votre bonheur.

Admettons, dans un premier temps, qu'Est détienne une longueur à Carreau. S'il plonge du Roi au deuxième tour, il vous donne les trois levées dont vous avez besoin. S'il fournit un petit, vous mettrez la Dame. Maintenant, si Ouest défausse, vous abandonnerez un Trèfle en toute tranquillité pour établir votre douzième levée dans cette couleur.

Alternativement, supposons qu'Ouest détienne la longueur à Carreau. Il prendra votre Dame, mais il subira ultérieurement un squeeze dans les mineures. Qu'il rejoue Trèfle ou Carreau, il ne pourra faire sauter qu'une seule des deux reprises du mort, mais pas les deux, et il sera sans ressources quand vous encaisserez vos gagnantes dans les majeures.

Voici la donne complète :

	♠ R V ♡ D 5 ♢ A V 7 2 ♣ D 8 7 5 3	
♠ 10 9 7 3 ♡ 10 8 6 4 ♢ 9 ♣ V 9 4 2	N O E S	♠ D 8 5 4 2 ♡ 9 7 2 ♢ R 10 8 5 ♣ 10
	♠ A 6 ♡ A R V 3 ♢ D 6 4 3 ♣ A R 6	

Quand vous avez une force combinée largement suffisante pour gagner un chelem à Sans-atout – ici, 34 points H avec une longueur cinquième – il ne faut pas rechercher les fits huitièmes à l'atout, car vous devenez tributaire d'un mauvais partage de la couleur choisie. Vous n'auriez gagné ni 6 ♣, ni 6 ♢, alors qu'à Sans-atout, vous pouvez jouer sur l'un ou l'autre tableau, et même sur les deux.

PROBLÈME NUMÉRO 19

Donneur : Sud

♠ R D 4
♡ A D 3 2
◇ A D 10
♣ 9 8 4

N / O E / S

♠ A V 9 8 6 3 2
♡ 6
◇ V 3
♣ R 6 5

Vulnérabilité : Tous

LES ENCHÈRES

Sud	Ouest	Nord	Est
3♠	Passe	4♠	Passe
Passe	Passe		

L'ENTAME

Ouest entame du 5 de Pique, pour le Dix d'Est et votre Valet. L'As de Pique enlève l'atout restant, Est défaussant un Carreau.

Comment devez-vous poursuivre?

LE POINT DE LA SITUATION

Il y a neuf levées de tête et la dixième peut provenir des Carreaux. Même si l'impasse contre le Roi de Carreau échoue, tout ira bien si Est détient l'As de Trèfle. Naturellement, vous pourriez faire l'impasse à Cœur plutôt que l'impasse à Carreau, mais on ne voit pas en quoi cela passerait pour une amélioration de vos chances.

Existe-t-il autre chose qui vaille la peine d'être tenté?

SOLUTION

Ce serait une erreur de tenter immédiatement l'impasse à Carreau, car le contrat est sur table si Ouest détient l'un ou l'autre Roi rouge. Vous devez commencer par les Cœurs, en prenant soin de ne pas laisser la main en Est.

Tirez l'As de Cœur et continuez par la Dame de Cœur. Si Est la couvre, vous couperez et vous tenterez l'impasse à Carreau, avec la chance, si elle échoue, de trouver l'As de Trèfle bien placé. En revanche, si Est ne peut pas couvrir la Dame de Cœur, l'affaire est dans le sac. Défaussez un Carreau, coupez le retour à Cœur, tirez l'As de Carreau et présentez la Dame de Carreau. Vous défausserez un Trèfle si elle n'est pas couverte. De cette manière, vous établirez la dixième levée qui vous manque, sans permettre à Est de prendre la main pour traverser le Roi de Trèfle.

Voici la donne complète :

	♠ R D 4 ♡ A D 3 2 ♢ A D 10 ♣ 9 8 4	
♠ 7 5 ♡ R 10 7 4 ♢ 9 5 2 ♣ A D 7 3	N O E S	♠ 10 ♡ V 9 8 5 ♢ R 8 7 6 4 ♣ V 10 2
	♠ A V 9 8 6 3 2 ♡ 6 ♢ V 3 ♣ R 6 5	

Ce jeu d'évite, par une double manœuvre perdante sur perdante, ne doit pas être adopté en tournoi par paires, sauf si vous avez besoin d'un top. Si le Roi de Cœur est en Est, vous vous retrouverez dans la même situation que le champ, mais s'il est en Ouest, vous ferez deux fois sur trois une levée de moins que ceux de vos homologues qui auront tenté immédiatement l'impasse à Carreau.

PROBLÈME NUMÉRO 20

Donneur :
Sud

♠ 10 9 7 2
♡ V 7 4
◇ R V 9 3
♣ 8 3

Vulnérabilité :
Tous

♠ V 5 4
♡ 9 6 3
◇ A 7 5
♣ R V 6 2

N
O E
S

LES ENCHÈRES

Sud	Ouest	Nord	Est
1 ♠	Passe	2 ♠	Passe
4 ♠	Passe	Passe	Passe

L'ENTAME

Sur votre entame du 6 de Trèfle, Est a l'amabilité de produire l'As, Sud fournissant le 5 de Trèfle. Il rejoue le 4 de Trèfle et votre Valet capture le Dix du déclarant.

Comment devez-vous continuer?

LE POINT DE LA SITUATION

L'As de Carreau apportera une troisième levée pour la défense, mais quid de la quatrième? Excepté l'éventualité peu probable où votre partenaire aurait un honneur d'atout, cette quatrième levée devrait provenir des Cœurs ou des Carreaux.

Une contre-attaque dans l'une de ces couleurs est-elle nécessaire?

SOLUTION

Une Dame de Carreau dans le jeu de votre partenaire pourrait suffire à votre bonheur. Toutefois, rien ne justifie une contre-attaque d'un petit Carreau, car les perdantes éventuelles du déclarant dans cette couleur ne peuvent disparaître. Sud devra ultérieurement attaquer lui-même les Carreaux. De plus, il est dangereux de le faire à sa place. S'il détient la Dame, vous lui donnerez des défausses pour ses Cœurs perdants.

Faut-il alors contre-attaquer Cœur? L'ennui est que vous risquez de ne pas pouvoir établir une levée de Cœur assez rapidement. Si le déclarant détient trois Cœurs par As-Roi ou As-Dame, il aura le temps d'affranchir ses Carreaux pour défausser sa perdante.

En fait, la menace vient des Carreaux, et le moyen de la neutraliser consiste à enlever la reprise du mort. D'après le retour de votre partenaire (le plus petit des Trèfles manquants), vous savez que le déclarant avait initialement trois Trèfles, et vous pouvez l'obliger à utiliser immédiatement le quatrième atout du mort. Jouez tout simplement le Roi de Trèfle.

Voici la donne complète :

	♠ 10 9 7 2 ♡ V 7 4 ◇ R V 9 3 ♣ 8 3	
♠ V 5 4 ♡ 9 6 3 ◇ A 7 5 ♣ R V 6 2	N O E S	♠ 6 ♡ D 10 5 2 ◇ 10 8 6 2 ♣ A D 7 4
	♠ A R D 8 3 ♡ A R 8 ◇ D 4 ♣ 10 9 5	

Le déclarant doit couper avant que les Carreaux du mort ne soient affranchis. Vous laisserez passer la Dame de Carreau et la carte fournie par votre partenaire au premier tour de la couleur vous dira ce que vous devez faire au second. Ici, son 8 de Carreau indiquera un compte pair, et vous mettrez l'As au second tour.

Lorsqu'une couleur est la seule source de levées pour le déclarant, elle devient un passage obligé. Laissez-le la manier lui-même, mais cherchez à la rendre inexploitable.

Par ailleurs, les entames offensives sont souvent bénéfiques dans les contrats déclarés brutalement. Ici, seule une entame à Trèfle pouvait faire chuter la manche.

PROBLÈME NUMÉRO 21

Donneur : Nord

♠ D
♡ D V 10 9 7
◇ A V 9 7 2
♣ A 3

N
O E
S

♠ A R 6 2
♡ 5
◇ 8 6 4 3
♣ D V 10 4

Vulnérabilité : Personne

LES ENCHÈRES

Nord	Est	Sud	Ouest
1 ♡	Passe	1 ♠	Passe
2 ◇	Passe	2 SA	Passe
3 SA	Passe	Passe	Passe

L'ENTAME

Ouest entame du 6 de Trèfle.
Quel est votre plan de jeu?

LE POINT DE LA SITUATION

Vous n'êtes pas à court de levées potentielles, mais vous êtes tracassé par des problèmes de communications. Vous avez deux perdantes inévitables à Cœur et vous êtes condamné à perdre un Trèfle, maintenant ou plus tard. Vous ne pouvez donc pas vous permettre de perdre plus d'un Carreau.

Quelle est la meilleure ligne de jeu pour y parvenir?

SOLUTION

Le jeu ne présentera aucune difficulté si les Carreaux sont 2-2, mais vous pouvez également ne perdre qu'une levée dans la couleur si Est détient un honneur sec. Ce serait donc une erreur de fournir un petit Trèfle du mort sur l'entame. Si Est prend du Roi, il va sans doute rejouer Pique, et vous devrez vous en remettre à un partage 2-2 des Carreaux.

La bonne ligne de jeu consiste à mettre l'As de Trèfle pour éviter que la défense ne puisse couper votre communication à Pique. Vous encaisserez l'As de Carreau et vous rejouerez Trèfle. Maintenant, quand on contre-attaquera Pique, vous prendrez du Roi en écrasant la Dame du mort, vous encaisserez un Trèfle en défaussant un Cœur et vous rejouerez Carreau vers le Valet.

Voici la donne complète :

	♠D ♡D V 10 9 7 ♢A V 9 7 2 ♣A 3	
♠V 9 7 5 ♡R 6 4 ♢D 10 5 ♣6 5 2	N O E S	♠10 8 4 3 ♡A 8 3 2 ♢R ♣R 9 8 7
	♠A R 6 2 ♡5 ♢8 6 4 3 ♣D V 10 4	

Ce maniement de couleur classique vous permet de gagner non seulement si les Carreaux sont 2-2, mais également si Est a la Dame sèche ou le Roi sec. En main par la Dame de Carreau, Ouest devra choisir entre la corde et le poison. Un retour dans une couleur rouge vous permet d'établir deux levées de Cœur. Un retour dans une couleur noire vous donne accès aux deux gagnantes de votre main.

Après des séquences d'enchères de ce type, il n'est pas toujours bon d'entamer dans la *couleur verte,* surtout s'il s'agit de trois petites cartes. Une entame dans une majeure non soutenue ou non répétée est souvent préférable.

Ici, une entame à Pique aurait fait chuter le contrat. En revanche, une entame à Cœur, très envisageable sur un plan théorique, n'aurait pas eu le même effet.

PROBLÈME NUMÉRO 22

Donneur :
Nord

Vulnérabilité :
Tous

♠ 8 7 4 3
♡ R D 6 4
♢ D 7
♣ A R D

	N	
O		E
	S	

♠ A R D V 10
♡ V 7
♢ A 10 9 2
♣ 9 3

LES ENCHÈRES

Nord	Est	Sud	Ouest
1 SA	Passe	3 ♠	Passe
4 ♣	Passe	4 ♢	Passe
4 ♡	Passe	4 ♠	Passe
5 ♠	Passe	6 ♠	Passe
Passe	Passe		

L'ENTAME

Ouest entame du 6 de Pique, Est fournissant le 5 de Pique. Deux autres tours sont nécessaires pour purger les atouts, Est défaussant le 7, puis le 6 de Trèfle.

Comment continuez-vous?

LE POINT DE LA SITUATION

A première vue, il semble qu'il y ait deux perdantes inévitables, mais il existe à Cœur une position intéressante de contre-temps. Si vous attaquez d'un petit Cœur à travers l'As, vous pourrez ensuite défausser le second Cœur de votre main, avec l'espoir de ne perdre qu'un seul Carreau. C'est la manœuvre classique de *Milton Work,* parfois baptisée *coup de la fourchette de Morton.* Si le défenseur plonge de l'As, *dans le vide,* il vous donne deux défausses.

Alors, où est l'As de Cœur?

SOLUTION

Les enchères ne vous donnent aucun indice quant à la situation de l'As de Cœur. En revanche, le partage 3-1 des Piques, par la règle des *places vacantes,* fait d'Est le favori à 12 contre 10 pour le détenir, mais malgré cela, votre seule chance légitime de gagner votre contrat repose sur l'As de Cœur en Ouest. Supposons qu'il soit en Est. Si vous allez au mort à Trèfle pour jouer un petit Cœur vers votre Valet, Est plongera de l'As pour rejouer Trèfle, ce qui bloque les Cœurs et vous empêche de défausser vos Carreaux perdants.

Vous devez donc jouer le 7 de Cœur de votre main à la quatrième levée. Si l'honneur du mort reste maître, vous défausserez le Valet de Cœur sur le troisième Trèfle et vous jouerez Carreau, soit en présentant la Dame, soit en attaquant d'un petit vers le Dix. Si votre Dame est couverte par Est ou si votre Dix pousse au Roi, vos problèmes sont terminés. Sinon, Ouest prendra la main, mais il devra, s'il le peut, rejouer Trèfle dans coupe et défausse (tout autre retour donne le contrat). Vous couperez du mort et vous compterez sur la réussite d'une deuxième impasse à Carreau.

Voici la donne complète :

	♠ 8 7 4 3 ♡ R D 6 4 ♢ D 7 ♣ A R D	
♠ 9 6 2 ♡ A 8 3 ♢ R 8 5 ♣ 8 5 4 2	N O E S	♠ 5 ♡ 10 9 5 2 ♢ V 6 4 3 ♣ V 10 7 6
	♠ A R D V 10 ♡ V 7 ♢ A 10 9 2 ♣ 9 3	

Lorsque deux lignes de jeu ont des chances voisines, ne comptez pas sur une faute adverse, même si la défense mortelle n'est pas facile à trouver. Choisissez celle qui est imparable.

PROBLÈME NUMÉRO 23

Donneur :
Ouest

♠ 9 6 5 4 3
♡ R 6 5 3
◇ 7
♣ R D 6

	N	
O		E
	S	

♠ A R 2
♡ V 10 9 8 4 2
◇ 10 5 4
♣ 7

Vulnérabilité :
Tous

LES ENCHÈRES

Ouest	Nord	Est	Sud
Passe	Passe	1 ◇	1 ♡
3 ♣ *	4 ♡	Passe	Passe
Passe			

* Naturel, mais avec un fit à Carreau.

L'ENTAME

Ouest entame du 8 de Pique, pour le Dix d'Est et votre As. Comment envisagez-vous la suite?

LE POINT DE LA SITUATION

L'agressivité de votre partenaire s'est heurtée à une intervention minimale et votre contrat est à tout le moins ambitieux. Vous avez une perdante dans chaque couleur, bien qu'il existe une possibilité de défausser le Pique perdant de votre main sur un Trèfle du mort.

Quelle est la meilleure manière d'y parvenir?

SOLUTION

Vous devez effectivement prévoir la défausse de votre Pique perdant sur un Trèfle du mort, mais il serait prématuré de jouer Trèfle à la deuxième levée. Ouest prendrait de l'As pour rejouer Pique, vous laissant en main, sans accès immédiat au mort.

Par hypothèse de nécessité, vous devez trouver l'As de Cœur et l'As de Trèfle en Ouest, et le minutage correct vous impose de couper en priorité les communications adverses, tout en établissant la vôtre. Jouez Carreau immédiatement.

Voici la donne complète :

	♠ 9 6 5 4 3 ♡ R 6 5 3 ◇ 7 ♣ R D 6	
♠ 8 7 ♡ A ◇ V 6 3 2 ♣ A 10 9 8 5 2	N O E S	♠ D V 10 ♡ D 7 ◇ A R D 9 8 ♣ V 4 3
	♠ A R 2 ♡ V 10 9 8 4 2 ◇ 10 5 4 ♣ 7	

Si la défense rejoue Carreau, vous couperez du mort et vous continuerez par le Roi de Trèfle. Alternativement, si la défense insiste à Pique, vous jouerez atout vers le mort. De toute manière, Est sera dans l'incapacité de prendre la main pour jouer le troisième tour de Pique, et votre perdante sera ultérieurement défaussée sur le Trèfle affranchi.

Pour que vous puissiez gagner votre contrat, il fallait qu'Est n'ait qu'une seule reprise et qu'elle saute immédiatement. Cette reprise était nécessairement à Carreau.

Supposons maintenant qu'Ouest ait l'As de Cœur second et fournisse un petit sur votre Valet. Vous mettrez le Roi, pour les mêmes raisons que précédemment.

Retenez qu'il n'est jamais urgent de défausser une perdante quand l'adversaire ne peut pas encaisser sa gagnante.

PROBLÈME NUMÉRO 24

Donneur :
Sud

Vulnérabilité :
Est-Ouest

Nord :
♠ R D 8 3
♡ R 8 7 5 4
♢ –
♣ R 10 4 2

Est :
♠ V 7 6 5 2
♡ A
♢ 10 7 5 4
♣ A D 3

LES ENCHÈRES

Sud	Ouest	Nord	Est
1 SA *	Passe	2♣	Passe
2♡	Passe	4♡	Passe
Passe	Passe		

* 12-14 H.

L'ENTAME

Ouest entame du 10 de Pique, qui va jusqu'à l'As du déclarant. Celui-ci présente le Valet de Cœur, pour le 6 de votre partenaire, le 4 du mort et votre As.

Comment devez-vous continuer?

LE POINT DE LA SITUATION

Si votre partenaire n'a plus de Pique, c'est un jeu d'enfant de faire chuter ce contrat : Pique coupé, deux Trèfles en retour, et une nouvelle coupe à Pique, pour deux levées de chute.

Existe-t-il une chance pour la défense si votre partenaire a deux Piques?

SOLUTION

Pour battre cette manche, vous avez besoin de faire une deuxième levée d'atout en plus des deux Trèfles. Si votre partenaire a deux Piques, il peut aussi détenir la Dame de Cœur troisième et, si vous parvenez à interdire au déclarant de revenir rapidement dans sa main pour renouveler l'impasse, vous assurerez la chute du contrat.

Il est cependant dangereux de jouer machinalement votre plus petit Pique pour signaler votre préférence pour les Trèfles. Si le déclarant détient A 9 de Pique secs, vous lui faites cadeau d'une reprise indue. Pour parer à cette éventualité, c'est le Valet de Pique que vous devez rejouer à la troisième levée.

Voici la donne complète :

	♠ R D 8 3 ♡ R 8 7 5 4 ♢ – ♣ R 10 4 2	
♠ 10 4 ♡ D 6 3 ♢ D V 9 6 2 ♣ 8 6 5	N O E S	♠ V 7 6 5 2 ♡ A ♢ 10 7 5 4 ♣ A D 3
	♠ A 9 ♡ V 10 9 2 ♢ A R 8 3 ♣ V 9 7	

Le retour du Valet de Pique enferme le déclarant au mort et, de ce fait, il ne peut éviter la perte de quatre levées.

Dans l'hypothèse où votre partenaire aurait eu un singleton Pique, existe-t-il un risque qu'il considère votre Valet de Pique comme un appel préférentiel pour les Carreaux ? Certainement pas. Un coup d'œil sur le mort suffit pour l'obliger à jouer Trèfle.

Retenez que seules peuvent prendre une valeur préférentielle les cartes dont le rang n'a pas d'incidence sur la levée où elles sont jouées, ou qui ne sont pas imposées par la situation.

Par ailleurs, à cartes ouvertes, le déclarant aurait pu gagner son contrat en défaussant deux Piques du mort sur l'As et le Roi de Carreau de sa main, mais cette ligne de jeu aurait été tout à fait déraisonnable.

PROBLÈME NUMÉRO 25

Donneur : Ouest

Vulnérabilité : Tous

♠ R V 7 6 2
♡ A R D 6 5 4
◇ V 5
♣ –

	N	
O		E
	S	

♠ A D 8 4
♡ 7 3
◇ D 8 2
♣ D 9 4 3

LES ENCHÈRES

Ouest	Nord	Est	Sud
1♣	2◇ *	Passe	3♠
Passe	4♠	Passe	Passe
Passe			

* Bicolore majeur.

L'ENTAME

Ouest entame de l'As de Trèfle, que vous coupez du 2 de Pique. Quel est votre plan de jeu?

LE POINT DE LA SITUATION

Vous n'avez que deux perdantes évidentes, mais vous devez vous protéger contre d'éventuels mauvais partages dans les majeures. Par exemple, les Piques pourraient être 4-0, ou bien les Cœurs inamicaux.

Comment allez-vous surmonter toutes ces possibilités?

SOLUTION

Si les Piques sont 4-0, vous aurez besoin de trouver les Cœurs 3-2, ou bien 4-1 avec la longueur du côté des atouts. Si les Piques sont 3-1, vous pouvez surmonter un partage 5-0 des Cœurs.

Un minutage correct permet de surmonter tous ces accidents potentiels. Commencez par encaisser le Valet de Pique. Si l'un des flancs défausse, testez les Cœurs, coupez si nécessaire le troisième dans votre main et purgez les atouts en écrasant la Dame avec le Roi au troisième tour pour revenir au mort.

Si tout le monde fournit sur le Valet de Pique, continuez par un petit Pique vers l'As. Maintenant, si Est défausse, vous jouerez Cœur vers le mort, et même une chicane en Ouest ne vous fera pas chuter. Si Ouest coupe dans le vide avec son dernier atout, la défense ne fera plus que deux Carreaux. S'il défausse, vous ferez la levée au mort et vous continuerez par un petit Cœur, pour ouvrir la coupe sans sacrifier un honneur maître. Ultérieurement, la défense ne pourra pas vous empêcher de couper un Cœur avec la Dame de Pique et d'établir la longueur du mort.

Voici la donne complète :

	♠R V 7 6 2 ♡A R D 6 5 4 ♢V 5 ♣–	
♠10 9 3 ♡– ♢R 7 6 3 ♣A R V 8 6 2	N O E S	♠5 ♡V 10 9 8 2 ♢A 10 9 4 ♣10 7 5
	♠A D 8 4 ♡7 3 ♢D 8 2 ♣D 9 4 3	

Dans ce type de situation, analysez les dangers, puis élaborez les lignes de jeu qui permettent d'y parer. Enfin, essayez de déterminer un tronc commun initial qui laisse la porte ouverte à toutes les solutions en fonction de ce que vous aurez découvert.

PROBLÈME NUMÉRO 26

Donneur :
Sud

♠ R V 5
♡ A 10 4 3
◇ 7 6 2
♣ R D 9

N
O E
S

♠ A
♡ 7
◇ A R D 5 3
♣ A V 10 8 5 2

Vulnérabilité :
Nord-Sud

LES ENCHÈRES

Sud	Ouest	Nord	Est
1♣	3♡	3 SA	Passe
4◇	Passe	4♡	Passe
4♠	Passe	6♣	Passe
7♣	Passe	Passe	Passe

L'ENTAME

Ouest entame du Roi de Cœur, pour l'As du mort, Est fournissant le 6 de Cœur.

Comment envisagez-vous la suite?

LE POINT DE LA SITUATION

Vous avez douze levées de tête et vous êtes favori pour en trouver une treizième. Même un mauvais partage à Carreau ne vous mettra pas en difficulté si les atouts sont 2-2 et si Est a trois atouts avec la longueur à Carreau, vous pourrez couper un Carreau au mort.

Devez-vous prévoir autre chose?

SOLUTION

Ouest peut avoir trois atouts avec un singleton ou une chicane à Carreau. Si la Dame de Pique n'est pas sèche ou seconde, votre treizième levée devra provenir d'un squeeze Carreau-Pique contre Est, mais l'entame a enlevé l'As de Cœur et créé un problème de communications. Si vous défilez tous vos Trèfles, le squeeze ne fonctionnera pas faute d'une reprise en face de la squeezante.

Donc, vous devez vous arranger pour faire la dernière levée d'atout du mort. Coupez immédiatement un Cœur et continuez par un petit Trèfle vers le 9. Si les deux flancs fournissent, vous pouvez poursuivre votre *mort inversé* partiel. Coupez un deuxième Cœur et revenez au mort à Trèfle. Vous pouvez tabler si les atouts sont 2-2. Si Est détient trois atouts, testez les Carreaux et coupez le quatrième si nécessaire.

Enfin, s'il s'avère que les trois atouts sont en Ouest, coupez le dernier Cœur avec l'As de Trèfle, encaissez l'As de Pique et jouez votre dernier atout pour le Roi du mort. Est devra jeter ses cartes s'il détenait initialement quatre ou cinq Carreaux et la Dame de Pique.

Voici la donne complète :

	♠ R V 5 ♡ A 10 4 3 ◇ 7 6 2 ♣ R D 9	
♠ 10 7 ♡ R D V 9 8 5 2 ◇ 9 ♣ 7 6 3	N O E S	♠ D 9 8 6 4 3 2 ♡ 6 ◇ V 10 8 4 ♣ 4
	♠ A ♡ 7 ◇ A R D 5 3 ♣ A V 10 8 5 2	

Comme sur le problème précédent, il fallait définir un tronc initial commun aux différentes lignes de jeu gagnantes.

PROBLÈME NUMÉRO 27

Donneur : Sud

Vulnérabilité : Tous

♠R 4
♡A 10 3
♢7 6 3
♣R D 10 6 2

	N	
O		E
	S	

♠A D V 10 7 2
♡5
♢A R 10
♣V 8 3

LES ENCHÈRES

Sud	Ouest	Nord	Est
1♠	Contre	Surcontre	Passe
Passe	2♡	Passe	Passe
3♠	Passe	4♣	Passe
4♢	Passe	4♡	Passe
5♡	Passe	6♠	Passe
Passe	Passe		

L'ENTAME

Ouest entame du Roi de Cœur, pour l'As du mort.
Quel est votre plan de jeu?

LE POINT DE LA SITUATION

Vous pouvez vous compter neuf levées de tête, avec l'espoir que les Trèfles fourniront les trois qui vous manquent. Le danger vient du fait qu'Ouest doit être capable de retenir l'As de Trèfle jusqu'au troisième tour, ce qui vous laissera sans communication pour réaliser la douzième levée.

Pouvez-vous remédier à cela?

SOLUTION

Si Ouest détient tous les honneurs manquants, ce qui semble virtuellement assuré en raison de son Contre d'appel, vous pouvez le mettre sous pression. Jouez quatre fois atout en défaussant un Carreau et un Trèfle du mort.

Voici la donne complète, avec la matérialisation de la position au moment où vous jouerez votre cinquième atout :

	♠ (R 4) ♡ (A) **10 3** ◇ **7 6** (3) ♣ **R D 10 6** (2)	
♠ (8) ♡ (R) **D V** (9 6) ◇ **D V 8** (2) ♣ **A 9 4**	N O E S	♠ (9 6 5 3) ♡ **8 7 4** (2) ◇ **9 5 4** ♣ **7 5**
	♠ (A D V) **10 7** (2) ♡ (5) ◇ **A R 10** ♣ **V 8 3**	

Ouest peut se séparer de deux Cœurs et d'un Carreau, mais votre cinquième Pique le prend dans un squeeze tricolore à l'atout.

S'il jette un Carreau, vous ferez le Dix de Carreau et deux Trèfles.

S'il jette un Trèfle, il ne pourra plus couper vos communications. Vous défausserez un Cœur ou un Carreau du mort et vous établirez trois levées à Trèfle.

Enfin, s'il jette encore un Cœur, vous défausserez un Carreau ou un Trèfle du mort, vous jouerez Trèfle vers le Dix, et vous couperez un Cœur. Le Dix de Cœur ainsi affranchi sera votre douzième levée.

Une fois de plus, la disposition du diagramme était une hypothèse de nécessité pour que vous puissiez gagner ce contrat.

PROBLÈME NUMÉRO 28

Donneur :		*Vulnérabilité :*
Sud	♠ V ♡ 8 7 5 ◇ A D 10 7 3 ♣ 9 6 5 4	Tous

	N O E S	♠ A 10 7 5 2 ♡ A 10 9 ◇ 9 6 4 ♣ D 3

LES ENCHÈRES

Sud	Ouest	Nord	Est
1 ♡	Passe	2 ♡	Passe
4 ♡	Passe	Passe	Passe

L'ENTAME

Ouest entame du 8 de Pique pour votre As, Sud fournissant le 4 de Pique. Vous contre-attaquez de la Dame de Trèfle, qui fait la levée, Sud fournissant le 2 et Ouest le Dix. Vous continuez du 3 de Trèfle, pour l'As de Sud et le Valet d'Ouest. Le déclarant joue le Roi de Cœur que vous laissez passer, votre partenaire fournissant le 2 de Cœur. Il continue par la Dame de Cœur, Ouest fournissant le 6 de Cœur.

Comment envisagez-vous la suite?

LE POINT DE LA SITUATION

L'As de Cœur est la troisième levée de la défense.

Où pouvez-vous espérer faire une quatrième levée?

SOLUTION

La levée de chute ne peut provenir que des Trèfles. L'entame de la seconde est classique avec quatre petites cartes et, à ce stade, vous disposez d'une photographie complète de la main du déclarant. Comme il n'a pas cherché à couper de Pique, il a R D 4. Il détient R D V 4 3 à Cœur, et quatre Trèfles par l'As, votre partenaire ayant manifestement R V 10. Il lui reste un singleton à Carreau et même avec l'aide d'une impasse, cela ne lui fera que neuf levées.

Bien entendu, vous devez prendre cette Dame de Cœur. Sinon, Sud défausserait les deux Trèfles du mort sur les Piques maîtres de sa main, puis il couperait un Trèfle pour affranchir la couleur. Ce n'est pas non plus le moment de se livrer à un retour passif à Pique ou à Cœur, car sur le défilé des gagnantes majeures, votre partenaire serait squeezé dans les mineures et le déclarant trouverait finalement ses dix levées via une impasse.

Le seul retour efficace après l'As de Cœur est à Carreau. Cela coupe la communication du déclarant avec le mort et brise la menace du squeeze.

Voici la donne complète :

	♠ V ♡ 8 7 5 ◇ A D 10 7 3 ♣ 9 6 5 4	
♠ 9 8 6 3 ♡ 6 2 ◇ R V 8 2 ♣ R V 10	N O E S	♠ A 10 7 5 2 ♡ A 10 9 ◇ 9 6 4 ♣ D 3
	♠ R D 4 ♡ R D V 4 3 ◇ 5 ♣ A 8 7 2	

La meilleure chance théorique du déclarant était de trouver l'As de Cœur second et deux Trèfles dans la même main. Si vous choisissez un retour neutre, le compte des atouts donné par votre partenaire risque de l'orienter vers l'alternative gagnante, celle du squeeze mineur. Ne lui laissez pas cette option.

PROBLÈME NUMÉRO 29

Donneur : Sud

Vulnérabilité : Nord-Sud

♠ 8 7 3
♡ 10 5 4 2
♢ D V 4
♣ A 9 5

	N	
O		E
	S	

♠ A R D 6 2
♡ A 7
♢ A 6 5 3
♣ 8 3

LES ENCHÈRES

Sud	Ouest	Nord	Est
1♠	Passe	2♠	Passe
4♠	Passe	Passe	Passe

L'ENTAME

Ouest entame du 9 de Carreau.
Quel est votre plan de jeu?

LE POINT DE LA SITUATION

Vous devez d'abord compter sur un partage 3-2 des atouts, puisque vous avez une perdante dans chacune des autres couleurs. Toutefois, vous n'êtes en rien certain de n'avoir qu'une perdante à Carreau, car l'entame ressemble fort à un doubleton. Dans ce cas, vous devrez couper votre quatrième Carreau avec le troisième atout du mort, et cela exige aussi un doubleton Pique en Ouest.

Comment allez-vous exécuter cette *manœuvre de Guillemart*?

SOLUTION

Le minutage est délicat. Si vous intercalez la Dame de Carreau pour prendre le Roi de l'As et jouer encore deux fois Carreau, le quatrième Carreau va créer une promotion d'atout. Alternativement, si vous jouez deux fois atout avant d'ouvrir la coupe, Est jouera son troisième atout pour l'annihiler.

Supposons que vous laissiez passer le Roi de Carreau. Vous contrôlerez tout retour, vous tirerez As-Roi de Pique et vous couperez le quatrième Carreau. Parfait, mais Est n'est pas obligé de coopérer. S'il ne couvre pas le premier Carreau, vous vous retrouverez dans la même situation que précédemment, incapable de donner votre Carreau perdant au moment approprié.

Le moyen sûr d'obliger la défense à faire la première levée consiste à mettre un petit des deux mains. Sur une contre-attaque à Cœur, vous fournirez le 7 pour conserver une communication ultérieure immédiate.

Voici la donne complète :

	♠ 8 7 3 ♡ 10 5 4 2 ◇ D V 4 ♣ A 9 5	
♠ 10 4 ♡ D 9 6 3 ◇ 9 2 ♣ R V 7 6 2	N O E S	♠ V 9 5 ♡ R V 8 ◇ R 10 8 7 ♣ D 10 4
	♠ A R D 6 2 ♡ A 7 ◇ A 6 5 3 ♣ 8 3	

Resté maître avec le 9 de Carreau, Ouest rejoue Cœur, que vous laissez passer. Vous prenez le deuxième Cœur et vous tirez l'As et le Roi de Pique. Vous allez au mort par l'As de Trèfle et vous continuez par la Dame de Carreau, pour le Roi d'Est et votre As. Après le Valet de Carreau, vous coupez un Cœur pour revenir dans votre main et vous coupez le quatrième Carreau pour mener à bien ce contrat.

Naturellement, vos chances ne seraient en rien compromises si les Carreaux étaient par hasard 3-3.

L'entame vous a donné la clef du coup. Sur une autre entame, votre meilleure chance aurait été de purger les atouts et de jouer deux fois Carreau vers Dame-Valet, en espérant le Roi en Ouest, ou un partage 3-3 de la couleur.

PROBLÈME NUMÉRO 30

Donneur :
Sud

♠ R V 7
♡ D 10 9 5 3
◇ A 8 7 2
♣ 4

N
O E
S

♠ A D 10 9 8 3
♡ 2
◇ 5
♣ A R 10 7 2

Vulnérabilité :
Nord-Sud

LES ENCHÈRES

Sud	Ouest	Nord	Est
1 ♠	Passe	2 ♡	Passe
3 ♣	Passe	4 ♠	Passe
4 SA	Passe	5 ◇	Passe
6 ♠	Passe	Passe	Passe

L'ENTAME

Ouest entame du 6 de Pique. Est fournit le 2 de Pique. Quel est votre plan de jeu?

LE POINT DE LA SITUATION

Cette entame fâcheuse vous interdit de couper trois Trèfles, mais deux coupes suffiront si les Trèfles sont 4-3.

Avez-vous une chance de trouver une douzième levée si les Trèfles sont 5-2?

SOLUTION

Comme la défense n'a pas encaissé sa levée de Cœur, il subsiste une possibilité de mise en main. Cela peut sauver la situation si l'un des défenseurs détient un honneur second à Trèfle. Son partenaire sera sous pression en fin de coup et vous pourrez peut-être l'obliger à vous livrer une levée à Trèfle ou deux levées à Cœur.

Pour mettre en place cet heureux dénouement, vous devez cependant d'abord éliminer les Carreaux. Encaissez l'As de Carreau à la deuxième levée, coupez un Carreau, tirez l'As de Trèfle et coupez un Trèfle sans tirer le Roi. Coupez un autre Carreau, puis un Trèfle. Si les Trèfles sont 4-3, l'affaire est dans le sac. En fait, Ouest fournit la Dame de Trèfle au second tour, et défausse un Cœur au troisième. Coupez le dernier Carreau du mort et jouez tous vos atouts.

Voici la donne complète où la situation est matérialisée à quatre cartes de la fin :

	♠ (R V 7) ♡ **D 10 9 5** (3) ♢ (A 8 7 2) ♣ (4)	
♠ (6 5) ♡ **R V 8 6** (4) ♢ (D 10 4 3) ♣ (D 6)	N O E S	♠ (4 2) ♡ **A 7** ♢ (R V 9 6) ♣ **V 9** (8 5 3)
	♠ (A D 10 9 8) **3** ♡ **2** ♢ (5) ♣ (A) **R 10** (7 2)	

Sur le dernier atout, Est n'a pas de solution. S'il défausse le 7 de Cœur, vous le mettrez en main par l'As de Cœur pour qu'il vous livre les deux derniers Trèfles. S'il jette l'As de Cœur, vous encaisserez l'As de Trèfle et vous jouerez Cœur. Ouest devra vous livrer la Dame de Cœur du mort.

Cette fin de coup ne fonctionnerait pas si Ouest avait eu initialement un cinquième Carreau.

Il existe d'autres positions gagnantes. Par exemple, si l'honneur second à Trèfle est en Est, toujours sans un cinquième Carreau, vous avez besoin de trouver As-Valet ou Roi-Valet de Cœur en Ouest.

Enfin, telles que sont les cartes, la défense ne peut pas faire chuter ce chelem. Par exemple, entame Cœur pour l'As d'Est et retour à l'atout. Le déclarant coupe deux Trèfles et deux Cœurs, puis, sur le défilé des gagnantes, les flancs sont victimes d'un double squeeze, Carreau-Cœur contre Ouest et Carreau-Trèfle contre Est.

PROBLÈME NUMÉRO 31

Donneur :
Sud

Vulnérabilité :
Nord-Sud

♠ D 6 4
♡ 9 8 6 4 2
◇ A 10
♣ R D V

	N	
O		E
	S	

♠ A V 9 5
♡ A R
◇ D 7 3
♣ 8 6 4 2

LES ENCHÈRES

Sud	Ouest	Nord	Est
1 ♣	1 ◇	1 ♡	Passe
1 ♠	Passe	2 ◇	Passe
2 SA	Passe	3 SA	Passe
Passe	Passe		

L'ENTAME

Ouest entame du 6 de Carreau. Le Dix de Carreau du mort reste maître, Est fournissant le 8 de Carreau.

Quel est votre plan de jeu?

LE POINT DE LA SITUATION

Vous avez cinq levées immédiates et vous devez espérer en établir quatre de plus entre les Piques et les Trèfles. Le danger est que, dans l'intervalle, Ouest ne parvienne à vous faire chuter en affranchissant ses Carreaux.

Quel est le minutage correct?

SOLUTION

Vous pouvez être tenté de commencer par l'affranchissement des Trèfles, mais cela ne présente aucun avantage. Même si la couleur est 3-3, vous aurez encore besoin d'une deuxième levée de Pique. Il est donc plus raisonnable de commencer par un petit Pique vers le Valet. Si Ouest prend du Roi pour affranchir ses Carreaux, vous devrez espérer l'As de Trèfle en Est, et les Carreaux 6-2.

Voici la donne complète :

	♠ D 6 4 ♡ 9 8 6 4 2 ♢ A 10 ♣ R D V	
♠ R 10 8 7 ♡ D ♢ R V 9 6 5 2 ♣ 9 3	N O E S	♠ 3 2 ♡ V 10 7 5 3 ♢ 8 4 ♣ A 10 7 5
	♠ A V 9 5 ♡ A R ♢ D 7 3 ♣ 8 6 4 2	

Après l'As de Trèfle, Est ne peut pas rejouer Carreau. Quel que soit son retour, vous encaisserez la Dame de Pique, les deux Trèfles et les deux Cœurs. Cela vous donnera un compte exact de la main d'Ouest – six Carreaux et quatre Piques –, et, suivant ses défausses, vous le mettrez en main à Carreau pour qu'il se jette dans la fourchette à Pique ou vous tirerez les Piques en tête.

En pratique, Ouest risque de retenir le Roi de Pique. Vous vous tournerez vers les Trèfles. Est prendra de l'As pour affranchir les Carreaux, mais le même processus que précédemment vous donnera le compte de la main d'Ouest et vous conduira à une fin de coup analogue.

Vous ne pouviez pas gagner si Ouest détenait les deux honneurs clefs, l'As de Trèfle et le Roi de Pique. Il fallait trouver une solution gagnante si ces honneurs étaient séparés, donc commencer par l'impasse à Pique.

PROBLÈME NUMÉRO 32

Donneur : Nord	♠ A 7 5 3 ♡ A R 3 ♢ R 9 5 3 ♣ A 4	*Vulnérabilité :* Tous
♠ R V 9 6 2 ♡ 8 5 ♢ A 6 4 ♣ V 6 3	N O E S	

LES ENCHÈRES

Nord	Est	Sud	Ouest
1 ♢	Passe	1 SA	Passe
2 SA	Passe	3 ♣	Passe
3 SA	Passe	Passe	Passe

L'ENTAME

Vous entamez du 6 de Pique, pour le 3 du mort, le 4 de votre partenaire et le 8 du déclarant, qui présente le Valet de Carreau. Vous suivez du 4 de Carreau, pour le 3 du mort et la Dame de votre partenaire, qui contre-attaque de la Dame de Cœur, pour le Roi du mort. Le 9 de Carreau suit. Votre partenaire couvre du Dix et le déclarant défausse le 2 de Trèfle!

Comment envisagez-vous la suite?

LE POINT DE LA SITUATION

Tout cela est bizarre. Vous devez vous demander pourquoi le déclarant se livre à des excentricités à Carreau au lieu d'affranchir sa propre longueur.

Une réponse à cela?

SOLUTION

La réponse est que le déclarant n'a pas de reprise dans sa main une fois qu'il aura établi ses Trèfles. Vraisemblablement, il essaye d'extirper vos cartes de sortie à Cœur et à Carreau avant de vous mettre en main au troisième tour de Trèfle. Vous serez alors obligé de jouer Pique dans sa fourchette. D'après les enchères, Sud voulait jouer 3 ♣ et non 3 SA, à moins que Nord n'apporte un complément suffisant à Trèfle. Vous pouvez lui attribuer six Trèfles par le Roi. Si vous laissez la main à votre partenaire, il va certainement insister à Cœur, et votre destin sera scellé.

Maintenant que vous avez diagnostiqué le danger, il n'est pas trop difficile d'élaborer la parade. Vous devez prendre de l'As de Carreau et rejouer un petit Pique. Vous pouvez vous permettre de donner au déclarant une deuxième levée à Pique *avant* que ses Trèfles ne soient établis. Trois Piques, deux Cœurs, un Carreau et deux Trèfles, cela ne lui fera que huit levées, sans aucune chance d'en trouver une neuvième.

Voici la donne complète :

	♠A 7 5 3 ♡A R 3 ♢R 9 5 3 ♣A 4	
♠R V 9 6 2 ♡8 5 ♢A 6 4 ♣V 6 3	N O E S	♠4 ♡D V 10 4 2 ♢D 10 8 7 2 ♣D 5
	♠D 10 8 ♡9 7 6 ♢V ♣R 10 9 8 7 2	

Ne laissez pas votre partenaire commettre une erreur lorsque vous avez la clef du coup.

Ici, Est pourrait rejouer Carreau si vous lui laissiez la main, vous donnant ainsi l'opportunité de rejouer Pique. Mais pourquoi agirait-il ainsi?

PROBLÈME NUMÉRO 33

Donneur : Sud

Vulnérabilité : Personne

	♠ R 4 ♡ 9 6 5 2 ◇ 7 5 4 3 ♣ R V 9	
	N O E S	
	♠ A D 7 3 ♡ A 8 3 ◇ 6 ♣ A D 10 6 4	

LES ENCHÈRES

Sud	Ouest	Nord	Est
1 ♣	Passe	1 ◇	Passe
1 ♠	Passe	1 SA	Passe
2 ♡	Passe	3 ♣	Passe
4 ♣	Passe	5 ♣	Passe
Passe	Passe		

L'ENTAME

Ouest entame du Roi de Carreau. Encouragé par le 9 de son partenaire, il continue par la Dame de Carreau, que vous coupez.

Quel est votre plan de jeu?

LE POINT DE LA SITUATION

Vous avez neuf levées de tête et vous pourrez couper votre quatrième Pique pour une dixième levée, mais il est difficile d'imaginer d'où viendra la onzième. Vous avez encore deux Cœurs perdants et aucun squeeze ne peut être établi dans les rouges faute de communications.

Existe-t-il une position gagnante?

SOLUTION

Il n'y a pas de position de squeeze si vous trouvez votre dixième levée en coupant un Pique; aussi devez-vous établir cette dixième levée d'une autre manière et votre seule chance est un mort inversé. Cela suppose un partage 3-2 des atouts. Un squeeze pourra ensuite se produire si l'un des flancs détient quatre Cœurs avec une longueur à Pique.

Vous devez concéder une levée pour rectifier le compte et isoler la garde à Cœur. C'est immédiatement que vous devez le faire. Jouez un petit Cœur de votre main.

Voici la donne complète :

	♠ R 4 ♡ 9 6 5 2 ♢ 7 5 4 3 ♣ R V 9	
♠ 10 9 6 2 ♡ D 10 7 4 ♢ R D 10 ♣ 7 5	N O E S	♠ V 8 5 ♡ R V ♢ A V 9 8 2 ♣ 8 3 2
	♠ A D 7 3 ♡ A 8 3 ♢ 6 ♣ A D 10 6 4	

C'est votre jour de chance. Supposons qu'Est rejoue Trèfle (aucun retour ne peut détruire la position). Vous prendrez au mort avec le 9 de Trèfle et vous couperez un Carreau. Après avoir encaissé l'As de Cœur, vous retournerez au mort à l'atout pour couper le dernier Carreau. Enfin, le Roi de Pique vous permettra de purger le dernier atout, et squeezera Ouest entre les Piques et les Cœurs.

Ce mort inversé vous a permis de remodeler la position, en conservant à la fois une menace exclusive à Pique et une communication pour l'exercer.

PROBLÈME NUMÉRO 34

Donneur : Sud

Vulnérabilité : Tous

♠ R 10 4
♡ 5 4
◇ 7 6 2
♣ A 9 6 5 3

	N	
O		E
	S	

♠ 6
♡ A D V 10 9 7
◇ A R 10 8 4
♣ R

LES ENCHÈRES

Sud	Ouest	Nord	Est
1 ♡	Passe	1 SA	2 ♠
3 ◇	Passe	3 ♡	Passe
4 ♡	Passe	Passe	

L'ENTAME

Ouest entame du 3 de Pique, pour le 4 du mort et le Valet d'Est, qui contre-attaque du 3 de Carreau. Sur votre As, Ouest fournit le 5 de Carreau.

Comment envisagez-vous la suite?

LE POINT DE LA SITUATION

Votre contrat est assuré si les Carreaux sont 3-2, car vous ne perdrez qu'un Pique, un Cœur et un Carreau. Toutefois, le 3 de Carreau d'Est a l'allure suspecte d'un singleton.

Quelles sont vos perspectives si les Carreaux sont 4-1?

SOLUTION

Si vous devez perdre deux Carreaux, vous ne pouvez plus vous permettre de donner un Cœur. Votre espoir est un Roi de Cœur sec ou second en Est, car vous n'avez qu'une seule reprise au mort, en écrasant le Roi de Trèfle avec l'As.

En pratique, vous pouvez vous donner une chance supplémentaire, en renonçant à l'impasse à Cœur pour tenter de couper un Carreau au mort. Prenez le Roi de Trèfle avec l'As et présentez un petit Carreau du mort. Est n'a aucun intérêt à couper. Après avoir fait le Roi de Carreau, continuez par un petit Carreau. Vous contrôlerez tout retour et vous couperez le quatrième Carreau avec le 5 de Cœur. Si le Roi de Cœur était initialement sec ou second, vous ne perdez rien, mais vous gagnez s'il est accompagné du 3 et du 2.

Voici la donne complète :

	♠ R 10 4 ♡ 5 4 ◇ 7 6 2 ♣ A 9 6 5 3	
♠ 9 7 3 ♡ 8 6 ◇ D V 9 5 ♣ V 10 8 4	N O E S	♠ A D V 8 5 2 ♡ R 3 2 ◇ 3 ♣ D 7 2
	♠ 6 ♡ A D V 10 9 7 ◇ A R 10 8 4 ♣ R	

Est doit sacrifier son Roi de Cœur s'il veut surcouper la carte du mort. Quoi qu'il fasse, vous avez vos dix levées. Si Est avait coupé le deuxième Carreau dans le vide, vous auriez tiré l'As de Cœur avant de continuer les Carreaux. Vous auriez également gagné avec R 8 6 de Cœur en Ouest.

Une fois de plus, il n'est pas bon d'attaquer la couleur secondaire du déclarant. Mieux vaut le laisser la manier lui-même.

Ici, Est aurait fait chuter le contrat en contre-attaquant Trèfle à la deuxième levée.

PROBLÈME NUMÉRO 35

Donneur :
Ouest

♠R 6 5
♡D V
◇A V 8 6 5
♣8 6 5

	N	
O		E
	S	

♠V 9 3
♡A 10 9 5
◇R D 4
♣A 9 3

Vulnérabilité :
Nord-Sud

LES ENCHÈRES

Ouest	Nord	Est	Sud
1♣	1◇	Passe	3 SA
Passe	Passe	Passe	

L'ENTAME

Ouest entame de la Dame de Trèfle, que vous laissez passer, Est fournissant le 7 de Trèfle. Ouest continue du 2 de Trèfle pour le Roi d'Est, qui fait la levée. Est insiste du 4 de Trèfle pour votre As, Ouest fournissant le Dix.

Comment envisagez-vous la suite?

LE POINT DE LA SITUATION

Vous ne voyez pour l'instant que sept levées immédiates. L'ouverture et le début du coup situent As-Dame de Pique, le Roi de Cœur et le quatrième Trèfle en Ouest. L'échec assuré de l'impasse à Cœur donnerait cinq levées à la défense. Vous devez donc établir une huitième levée à Pique et trouver la neuvième grâce à une fin de coup.

Comment l'organiser?

SOLUTION

Vous devez extirper les Carreaux d'Ouest pour qu'il n'ait plus de cartes de sortie, mais ce serait une erreur de jouer plus de deux tours de Carreau. Lorsqu'il prendra la main par l'As de Pique, Ouest encaissera son Trèfle, sur lequel vous serez obligé de défausser un Cœur du mort. Si vous n'avez plus de reprise dans votre main, Ouest pourra sans danger sortir par un petit Cœur. Bloqué au mort, vous lui donnerez un Pique à la fin.

En fait, vous ne pouvez pas gagner si Ouest a plus de deux Carreaux et vous devrez vous contenter d'une élimination partielle. Donc, jouez le Valet et la Dame de Carreau dans cet ordre, puis un petit Pique vers le Roi.

Voici la donne complète :

	♠ R 6 5 ♡ D V ♢ A V 8 6 5 ♣ 8 6 5	
♠ A D 8 2 ♡ R 6 3 ♢ 10 7 ♣ D V 10 2	N O E S	♠ 10 7 4 ♡ 8 7 4 2 ♢ 9 3 2 ♣ R 7 4
	♠ V 9 3 ♡ A 10 9 5 ♢ R D 4 ♣ A 9 3	

Ouest peut prendre de l'As de Pique et encaisser le treizième Trèfle, sur lequel vous défausserez un Cœur des deux mains. Maintenant, qu'il rejoue Cœur ou Pique, il devra vous donner votre neuvième levée.

Alternativement, Ouest peut laisser passer le premier Pique. Vous ferez le Roi de Pique et vous encaisserez les trois Carreaux du mort en écartant deux Cœurs de la main. Si Ouest défausse deux Piques et un Cœur, vous n'aurez aucune peine à trouver votre neuvième levée, mais sa meilleure chance consiste cependant à défausser des cartes trompeuses. Par exemple, deux petits Cœurs et la Dame de Pique. Que vous jouiez Pique vers le 9, ou que vous tiriez l'As de Cœur en tête, vous gagnerez votre contrat.

Notez que la première levée de Carreau doit être faite avec le Valet, pour ne pas bloquer la couleur.

PROBLÈME NUMÉRO 36

Donneur : Sud

Vulnérabilité : Nord-Sud

Nord :
♠ 10
♡ R 8 3
◇ A D V 5
♣ 10 8 7 4 3

Est :
♠ D V 9 2
♡ V 9 7 4
◇ 7 6 2
♣ R 2

LES ENCHÈRES

Sud	Ouest	Nord	Est
1 ♠	2 SA *	Contre	3 ◇
4 ♠	Passe	Passe	Passe

* Bicolore mineur.

L'ENTAME

Ouest commence par l'As de Trèfle, suivi d'un petit Trèfle. Le déclarant coupe au deuxième tour et continue par l'As, le Roi et un petit Pique. Votre partenaire suit du 8 de Pique, puis défausse le 4 de Carreau et le 9 de Trèfle. Le mort écarte le 5 de Carreau et le 7 de Trèfle.

En main par le Valet de Pique, comment envisagez-vous la suite?

LE POINT DE LA SITUATION

D'après les enchères et le début du coup, votre partenaire a une distribution 1-2-5-5, tandis que celle du déclarant est 7-4-1-1. Sud a cinq levées d'atout et certainement l'As de Cœur.

Comment espérez-vous le faire chuter?

SOLUTION

Vous devez admettre que votre partenaire détient la Dame de Cœur. Sinon, le déclarant alignera dix levées en faisant l'impasse à Carreau ou, s'il est *cardiaque*, grâce à un double squeeze compte de main. La réussite de l'impasse à Carreau apportera une neuvième levée au déclarant, mais votre partenaire sera squeezé dans les mineures pour la dixième. Vous devez donc jouer Carreau pour couper la communication nécessaire à ce squeeze.

Toutefois, il existe un autre danger. Supposons que le déclarant ait le Dix de Cœur et que vous encaissiez votre deuxième Pique avant de rejouer Carreau. Après le Valet de Carreau, il tirera l'As de Carreau, coupera un Trèfle pour revenir dans sa main et jouera son dernier atout. Obligé de garder la Dame de Trèfle et le Roi de Carreau, votre partenaire devra sécher sa Dame de Cœur. Elle tombera sur le Roi de Cœur et le déclarant fera l'impasse contre votre Valet pour sa dixième levée.

Vous devez utiliser pleinement vos reprises à l'atout pour donner deux coups de boutoir dans les communications adverses, dans n'importe quel ordre. Par exemple, jouez Carreau. Le déclarant prendra du Valet, coupera un Trèfle et jouera Pique en défaussant le 3 de Cœur. Vous lui donnerez le *coup de grâce* * en contre-attaquant du 9 de Cœur – la seule carte efficace si le déclarant détient A 10 x x.

Voici la donne complète :

	♠ 10 ♡ R 8 3 ◇ A D V 5 ♣ 10 8 7 4 3	
♠ 8 ♡ D 5 ◇ R 10 9 8 4 ♣ A D V 9 6	N O E S	♠ D V 9 2 ♡ V 9 7 4 ◇ 7 6 2 ♣ R 2
	♠ A R 7 6 5 4 3 ♡ A 10 6 2 ◇ 3 ♣ 5	

Il existe trois positions classiques analogues où l'attaque de la carte intermédiaire supérieure à celle du mort s'impose :

	10 8 7			A 9 7			A 8 4	
R 6 3		A V 9	R 6 3		D 10 8	D 6 3		V 9 7
	D 5 4 2			V 5 4 2			R 10 5 2	
	Le Valet			Le Dix			Le 9	

* En français dans le texte anglais *(N.d.T.)*.

COLLECTION FÉDÉRATION FRANÇAISE DE BRIDGE

73, avenue Charles-de-Gaulle
92200 – Neuilly
Tél. : (1) 47.38.24.40

Le Premier livre de bridge (le minibridge)

Le Système d'enchères français
Michel Bessis & Marc Kerléro

JEAN-MARC ROUDINESCO

INITIATION AU BRIDGE

La majeure cinquième
les enchères et le jeu de la carte

L'initiation, c'est d'abord l'accès au langage, c'est ensuite l'apprentissage du raisonnement.
Par une approche rigoureuse de la terminologie et de la technique, clefs de la meilleure pédagogie, Jean-Marc Roudinesco offre à ses lecteurs du « bon bridge en bon français ».
Il leur assure aussi la primeur d'une découverte révolutionnaire. Ses « lois des maniements de couleur » permettront désormais de jouer la carte conformément aux probabilités, sans même les connaître et sans avoir toujours besoin de faire appel à sa mémoire.
Un livre essentiel et complet pour les néophytes, dont tous les bridgeurs expérimentés pourront cependant tirer profit...

Nouvelle édition augmentée de tableaux et conforme au standard d'enseignement de la fédération française de bridge.

BRIDGE PROGRAMMÉ

LES ENCHÈRES
(la majeure cinquième)
LA SIGNALISATION
LE JEU DE LA CARTE
(maniements de couleur)

Une bible de poche contenant, sous forme de tableaux synoptiques, un résumé de toutes les notions élémentaires du bridge et la marche à suivre pour jouer sans peine à la table.

JEAN-MARC ROUDINESCO

LE BRIDGE EN TOURNOI PAR PAIRES

Le tournoi par paires est de toutes les formes de bridge de compétition celle qui prend l'extension la plus rapide. Le brassage très large, qui fait se rencontrer à la même table, avec des fortunes diverses, d'authentiques champions, des joueurs chevronnés et d'autres qui le sont moins, est un élément attractif non négligeable, mais il pose des problèmes d'ordre pratique et psychologique.
Ce volume recense les difficultés qui vont surgir dans une discipline très particulière, où les règles du jeu définissent votre objectif, tandis que la connaissance psychologique de vos adversaires et leurs profils innombrables dictent votre conduite. Vous y trouverez une première solution à vos problèmes, à travers les méthodes et les raisonnements auxquels vous devez faire appel.

COMMENT GAGNER EN TOURNOI PAR PAIRES

Un premier volume vous a permis d'aborder les aspects pratiques du tournoi par paires, indépendamment de tout système joué. Ce second volume est consacré à l'amélioration de la technique, dans le cadre de la majeure par cinq : maniement de ce système d'annonces ; utilisation d'un certain nombre de « gadgets » et de conventions ; jeu de la carte avec le mort et en flanc.
Grâce à des exemples pour la plupart pris sur le vif, vous apprendrez à manier un système particulièrement efficace et cohérent, dans le cadre d'une stratégie spécifique au tournoi par paires. Vous saurez également comment vous défendre contre les systèmes employés par vos adversaires, dont le style et la stratégie ne sont pas nécessairement identiques aux vôtres.
Le bridge en tournoi par paires est un combat de tous les instants. Il ne s'agit pas simplement de réussir le contrat demandé, il faut faire *mieux* que les adversaires sur *toutes les donnes.* Vous devez donc disposer d'un armement supérieur, plus sophistiqué. Le succès est à ce prix.

PIETRO BERNASCONI
ET JEAN-MARC ROUDINESCO

DIABOLIQUEMENT VÔTRE

Les 54 problèmes de bridge les plus difficiles du monde

Avec Pietro Bernasconi et Jean-Marc Roudinesco, les problèmes de bridge prennent une dimension nouvelle. Chacun est une symphonie complète. Un thème diaboliquement dissimulé, des variantes fines, des fausses pistes tentantes, des fins de coup inédites dans le cadre d'un diagramme à cinquante-deux cartes accompagné d'un énoncé innocent, d'une concision déconcertante. Par exemple : Sud joue 6 Cœurs ; Ouest entame du Roi de Trèfle. A vous de découvrir qui, du déclarant ou de la défense, aura le dernier mot, et les armes que les combattants peuvent engager dans la bataille.
Difficulté ? Cinq étoiles. Beauté ? Cinq étoiles. Profondeur ? Toujours cinq étoiles.

HUGH KELSEY

TESTEZ VOTRE BRIDGE

Les jeux de sécurité et le contrôle de l'atout
Les impasses et les jeux d'élimination
Les communications et le timing
Les probabilités et la lecture des mains

Si vous vous croyez malchanceux, si vous êtes victime d'accidents trop nombreux, si vous faites moins de levées que certains de vos homologues, c'est peut-être que vous êtes négligent ou mal informé, et ces quatre volumes sont pour vous. Hugh Kelsey, écrivain de renommée mondiale et grand maître de l'analyse au bridge, explore ces sujets par petites étapes, à travers huit séries de problèmes qui ont été conçus pour vous divertir en comblant vos lacunes, mais aussi pour vous donner confiance en vos propres capacités. Vous augmenterez ainsi le profit et le plaisir que vous retirez du bridge.

Traduit de l'anglais et adapté par Jean-Marc Roudinesco.

Cet ouvrage a été réalisé par la
SOCIÉTÉ NOUVELLE FIRMIN-DIDOT
Mesnil-sur-l'Estrée
pour le compte des Éditions Belfond
en février 1992

Imprimé en France
Dépôt légal : février 1992
N° d'édition : 2869 – N° d'impression : 19866